キャラクターしょうかい

野原《のはら》 ひろし

しんちゃんの
お父《とう》さん。

野原《のはら》 みさえ

しんちゃんの
お母《かあ》さん。

野原《のはら》 ひまわり

しんちゃんの
妹《いもうと》。

シロ

しんちゃんの
あい犬。

野原一家《のはらいっか》

野原《のはら》 しんのすけ

お気楽《きらく》な 5才《さい》の 男の子。
みんなから 「しんちゃん」と よばれて いる。
きれいな おねいさんと チョコビが 大すき。

ようち園《えん》の
友《とも》だちと
先生

園長《えんちょう》先生

まつざか先生

よしなが先生

あげお先生

ボーちゃん

石あつめが しゅみ。

マサオくん

ちょっぴり
なき虫。

風間《かざま》くん

べん強《きょう》が
とくい。

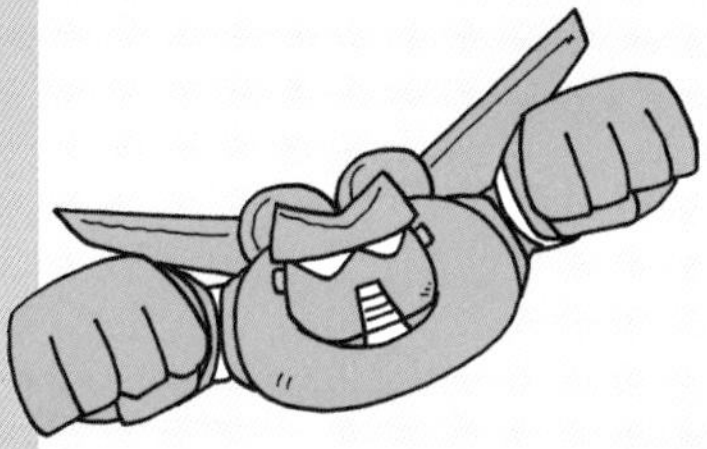

カンタムロボ

しんちゃんが すきな
アニメの しゅ人公《じんこう》。

ぶりぶりざえもん

しんちゃんが つくった
せいぎ(?)の ヒーロー。

アクション仮面《かめん》

しんちゃんが
あこがれる ヒーロー。

埼玉《さいたま》べにさそりたい

スケバン女子高生《じょしこうせい》 3人組《にんぐみ》。
本当《ほんとう》は いい人。

あいちゃん

しんちゃんに
こいする
おじょうさま。

あいちゃんの
ボディーガード。

この ドリルの つかい方《かた》

学しゅうの ながれ

1 「どうにゅうまんが」を 読《よ》む！（3ページを 見てね）

2 「かん字れんしゅうページ」に とり組《く》む！

3 「かん字パズル」「おさらいテスト」で ふくしゅう！（3ページを 見てね）

4 「かくにんテスト」「漢検《かんけん》チャレンジ」で たしかめ！（3ページを 見てね）

2 かん字れんしゅうページ

かん字の 学しゅうが すすむほどに 上がって いく 「アクション仮面《かめん》の がんばりメーター」だよ。

かん字の お手本だよ。 書《か》きじゅんと 書《か》き方《かた》の ポイントを かくにんしよう。

かん字の おんよみと くんよみ。 （ ）の 中は おくりがなだよ。

この ページで 学ぶ かん字の 読《よ》みと 書《か》きの れんしゅうもんだいだよ。 読《よ》みは ひらながで、書《か》きは かん字で こたえよう。

とり組《く》んだ 日にちと 曜日《ようび》を 書《か》こう。

この かん字を つかう ことばの れいだよ。

上から、 ぶしゅ、 画数《かくすう》、 書《か》きじゅんを しめして いるよ。

「ぶしゅ」は かん字を なかまわけするときの めやすとなる ぶぶんです。

ページの 学しゅうが おわったら、「ぶりぶりシール」を ここに はろう！

「クレヨンしんちゃん」 キャラクターの はげましの（？） ことばだよ。

上の 二つの ますは 書《か》きじゅんを たしかめながら うすい 字を なぞって 書《か》こう。下の ますは お手本を 見ながら 書《か》いて みよう。

右上から　下に　むかって　読《よ》もう。

10
①社・会・新・聞・読
②紙・電・話・図・書
ななこおねいさんとクロスワードだゾー！
こんにちはー。
今日はごめんね。
ななこおねいさん♡
この子、ななこちゃんと図書館へ行くの、すごく楽しみにしてたのよ。
私も楽しみでねられなかったんだ。
ドキーン
しんちゃん、それ新聞紙？もう読んでるの？
社会の一員としてとーぜんです。
ぶ…、逆さまよ。
クロスワードやってるのよ。
ひとりでぜんぶとけたら、父ちゃんがオモチャ買ってくれるの。
そういうことー!! でもすごいわ。
プルルルルッ
電話…ちょっとごめんね。
はい。
…今のうち、ちょっと手つだってぇ。
ぽそ
クロスワードひさしぶりだぁ。
シャンプーのいいにおい…。オラしわよせ。
くんくん
…しんちゃん、これ、けっこうむずかしいよ。
ななこちゃんとケッコンしたら毎日となりでこうしていられるんだぁ。
くあ
ぽゆゆ
うっら
うっら
うっら
すー
そうなのよぉちょっと聞いて〜。
あと3時間しゃべる
すー
すー
図書館はまた別の日になった。
おしまい

1

どうにゅう　まんが

その　たん元《げん》で　学ぶ　かん字を　つかった、楽《たの》しい　オリジナルまんがだよ。

4

かくにんテスト・漢検《かんけん》チャレンジ

2年生の　かん字の　たしかめテストと　「漢検《かんけん》」の　れんしゅうもんだいだよ。

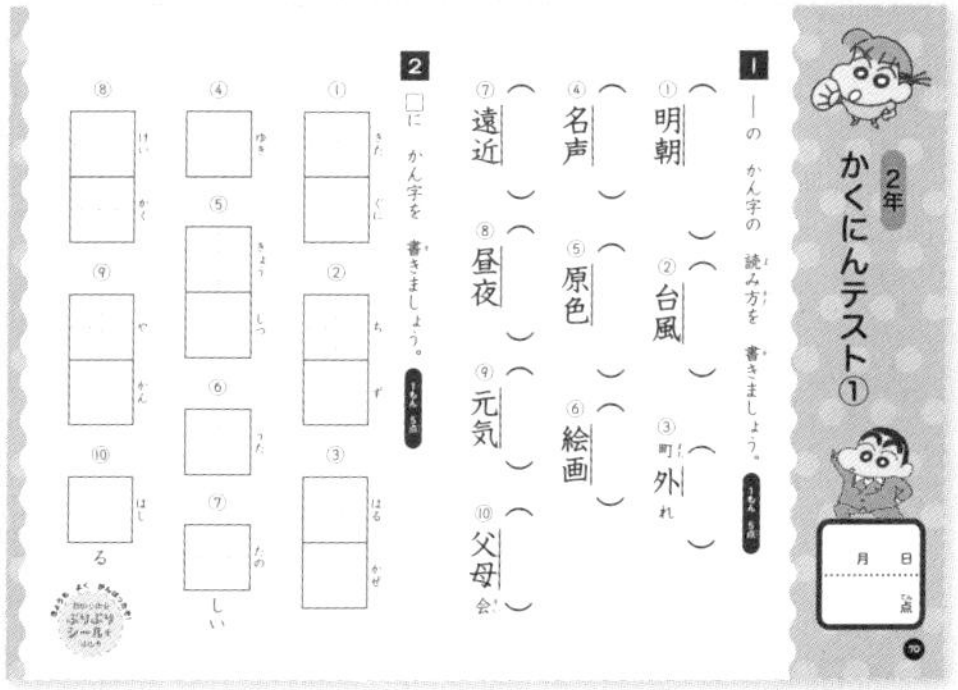
2年
かくにんテスト①
1 ―の　かん字の　読み方を　書きましょう。
①明朝　②台風　③町外れ　④名声　⑤原色　⑥絵画　⑦遠近　⑧昼夜　⑨元気　⑩父母会
2 □に　かん字を　書きましょう。
る
しい

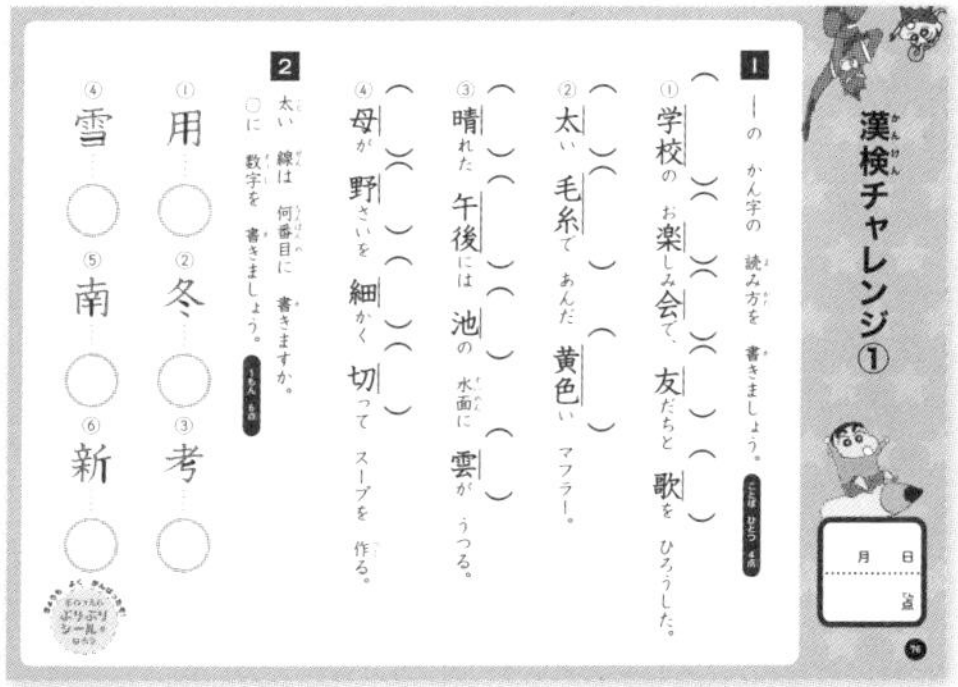
漢検チャレンジ①
1 ―の　かん字の　読み方を　書きましょう。
①学校の　お楽しみ会で、友だちと　歌を　ひろうした。
②太い　毛糸で　あんだ　黄色い　マフラー。
③晴れた　午後には　池の　水面に　雲が　うつる。
④母が　野さいを　細かく　切って　スープを　作る。
2 太い　線は　何番目に　書きますか。
〇に　数字を　書きましょう。
①用　②冬　③考　④雪　⑤南　⑥新

3

かん字パズル・おさらいテスト

たん元《げん》ごとに　パズルや　テストで　かん字を　おさらいしよう。

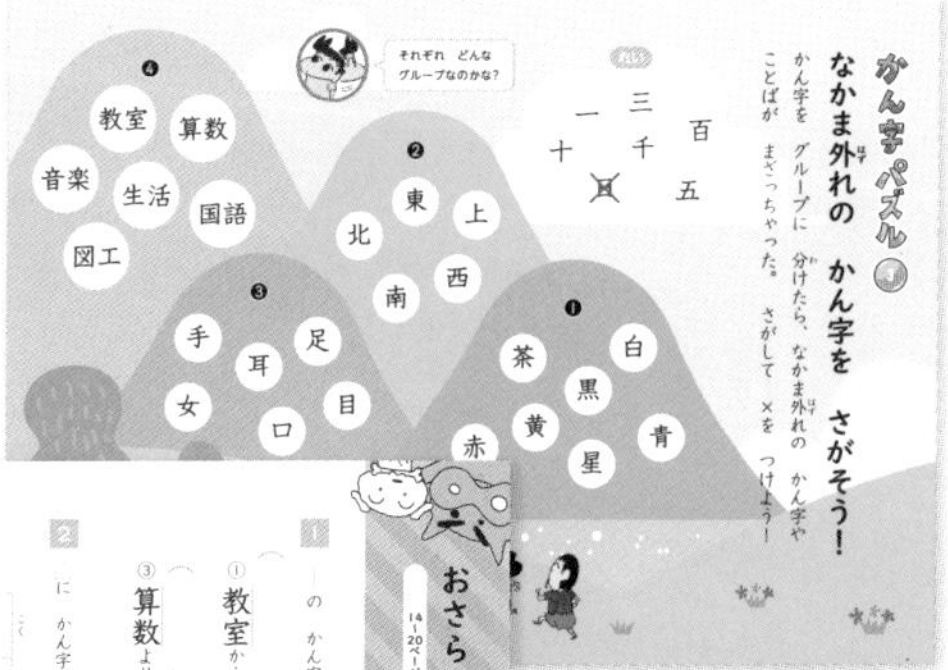
かん字パズル
なかま外れの　かん字を　さがそう！
かん字を　グループに　分けたら、なかま外れの　かん字や　ことばが　まざっちゃった。　さがして　×を　つけよう！
一　三　百　十　千　五
それぞれ　どんな　グループなのかな？
①茶　白　黒　黄　青　赤　星
②東　上　北　西　南
③手　足　耳　女　目　口
④教室　算数　音楽　生活　国語　図工

おさらいテスト②
14〜20ページの　おさらいだゾー！
1 ―の　かん字の　読み方を　書きましょう。
①教室から　歌声が　聞こえる。
②時計
③算数よりも　音楽の　じゅぎょうが　すき。
2 に　かん字を　書きましょう。
①　と　を　学ぶ。
②　から　しよう。
3 太い　線は　何番目に　書きますか。
〇に　数字を　書きましょう。
①体　②万
形の似ている漢字に注意しようね。

おうちの方《かた》むけの
「みさえの　声《こえ》かけアドバイス」。

おうちの方へ

- このドリルでは、文部科学省の学習指導要領に示された、小学2年生の配当漢字を収録しています。ただし、まんがページなどでは、3年生以上で習う漢字も使用しています。
- 各キャラクターのセリフや言い回しは、原作まんがに準じた表現としています。
- お子さんが学習を終えたら、巻末の「答えのページ」を参照のうえ、丸つけをしてください。
- 漢字のお手本や練習問題では一般的な教科書体を使用していますが、お使いの教科書とは字形が異なる場合があります。その場合には、お使いの教科書の字形にならうようにご指導ください。
- 漢字の部首には複数の説があり、本書ではその代表的なものを採用しています。
- 本書の学習内容は、公益財団法人 日本漢字能力検定協会の「漢字検定9級」に対応しています。

２年生で　ならう　かん字

160字

汽 52	来 32	肉 67	考 39	地 8	広 51	5画《かく》	太 48				
谷 55	弟 35	米 67	自 40	同 8	市 52	北 7	今 60				
里 60	言 39	7画《かく》	会 43	多 12	半 60	冬 11	切 63				
麦 67	何 40	体 19	交 51	色 23	用 60	古 12	引 64	父 31	少 12	才 36	2画《かく》
売 68	社 43	声 19	寺 51	回 27	矢 63	外 16	止 64	公 31	内 16	丸 47	刀 63
8画《かく》	図 44	作 24	池 55	当 28	6画《かく》	母 31	毛 64	友 36	午 20	弓 63	3画《かく》
東 7	角 47	近 24	毎 59	行 31	西 7	兄 35	牛 67	心 39	元 28	4画《かく》	万 20
明 8	形 48	走 32	羽 64	合 36	光 7	台 48		分 40	戸 28	方 8	工 24

画数《かくすう》の　少《すく》ない　じゅんに　ならんで　いるよ。　数字《すうじ》は　かん字の　れんしゅうページだよ。

	算 15	楽 19	答 36	強 59	教 16	書 44	10画《かく》	茶 23	春 11	門 52	国 15
16画《かく》	歌 19	遠 24	道 51	週 59	黒 23	通 51	夏 11	昼 27	秋 11	歩 52	画 24
親 35	聞 43	園 32	晴 56	鳥 67	黄 23	弱 59	高 12	思 39	風 11	京 52	夜 27
頭 56	読 43	新 43	雲 56	12画《かく》	組 28	馬 63	時 20	活 40	科 16	岩 56	姉 35
18画《かく》	鳴 64	電 44	場 60	絵 23	野 32	家 68	帰 31	点 47	室 16	店 68	妹 35
顔 36		話 44	買 68	朝 27	細 48	11画《かく》	原 32	海 55	前 19	9画《かく》	知 39
曜 59	15画《かく》	14画《かく》	13画《かく》	間 27	船 55	雪 12	記 40	首 56	後 20	南 7	長 47
	線 47	語 15	数 15	番 28	魚 55	理 15	紙 44	食 68	計 20	星 8	直 48

1

①東・西・南・北・光

②星・明・地・方・同

かすかべたんけんたいが行《い》くゾ!

探検《たんけん》をはじめてから三日目だ。
お宝《たから》はどこに あるの?
きっと北《きた》の方《ほう》だよ。
ネネは南《みなみ》だと 思《おも》う。
西《にし》か東《ひがし》だな。
いいかげんだなぁ…。
目指《めざ》すお宝《たから》は北西《ほくせい》にある…!!
その 通《とお》り!!だれかじしゃくを!!
ほい!
あ… ボクのと同《おな》じだね。
ボ
言《い》い方《かた》が悪《わる》かったかな…。方位《ほうい》じしゃくね。
北西《ほくせい》はあっちね。
明《あか》るいうちにすすもう!!
まって、その 前《まえ》に…。
おやつタイム♪
わーい!
まじめにやれよ!!
しばらくして…。
ゲフ
星《ほし》が光《ひか》りだしたわ。
これじゃ 地《ち》図《ず》も見えやしない。
イライラ
しょーがない、夕食《ゆうしょく》にしよう。
わーい。
食《た》べてばっかじゃないか!!
そのまま 夜《よ》を明《あ》かし…。
今日《きょう》もがんばるぞー。
今日《きょう》で四日目だ…。
お宝《たから》どこー?
チュンチュン
探検《たんけん》は つづく…?

おしまい

1 1 東・西・南・北・光

月 日 曜日《ようび》

※学しゅうの しかたは 2ページを 見てね。

東

とめる　はらう

おん：トウ
くん：ひがし

東 き

8画《かく》

一 丆 丙 百 亘 申 東 東

ことば：東海道《とうかいどう》　東日本《ひがしにほん》

西

まげる

おん：セイ　サイ
くん：にし

西 にし

6画《かく》

一 丆 丆 丙 两 西

ことば：東西《とうざい》　北西《ほくせい》　西日本《にしにほん》

南

はねる

おん：ナン
くん：みなみ

南 じゅう

9画《かく》

一 十 冂 冇 冇 冇 南 南 南

ことば：南下《なんか》　南国《なんごく》　南十字星《みなみじゅうじせい》

北

はねる

おん：ホク
くん：きた

北 ひ

5画《かく》

一 ㇑ 扌 北 北

ことば：北上《ほくじょう》　南北《なんぼく》　北国《きたぐに》　北風《きたかぜ》

光

はねる

おん：コウ
くん：ひか(る)　ひかり

光 ひとあし にんにょう

6画《かく》

丨 丨 ⺌ 业 光 光

ことば：月光《げっこう》　光年《こうねん》　光《ひか》りかがやく

---

① 東西《ざい》（　　）

② 西むき（　　）

③ 南の方《ほう》（　　）

④ きた口《ぐち》

⑤ ひかりもの

きょうも よく がんばったぞ!
おわったら ぶりぶりシールを はろう

仲間《なかま》われ している ときじゃ ない。今《いま》こそ 力を あわせなきゃ。

1 2

星・明・地・方・同

星
とめる
おん セイ
くん ほし
星 ひ
9画《かく》
ことば
火星《かせい》
海王星《かいおうせい》
星空《ほしぞら》
図星《ずぼし》

明
おん メイ ミョウ
くん あか(り) あか(るい) あか(るむ) あか(らむ) あき(らか) あ(ける) あ(く) あ(くる) あ(かす)
明 ひへん
8画《かく》
ことば
明言《めいげん》
明朝《みょうちょう》
明日《あした・あす》
(とくべつな読《よ》み方《かた》)

地
はねる
はねる
おん チ ジ
くん —
地 つちへん
6画《かく》
ことば
地上《ちじょう》
地図《ちず》
地道《じみち》

方
はねる
おん ホウ
くん かた
方 ほう
4画《かく》
ことば
地方《ちほう》
正方形《せいほうけい》
見方《みかた》

同
はねる
おん ドウ
くん おな(じ)
同 くち
6画《かく》
ことば
一同《いちどう》
同行《どうこう》
同《おな》じく

① 土《ど》**星**（　　）

② 月《つき》**明**り（　　）

③ 空《あ》き**地**（　　）

④ □《ほう》言《げん》

⑤ 一心《いっしん》□《どう》体《たい》

きょうも よく がんばったぞ!
おわったら ぷりぷりシールを はろう

ひまだから 来《き》て やった。

月　日　曜日《ようび》

かん字パズル ①

組《く》み合《あ》わせて　かん字を　作《つく》ろう！

上の　カードと　下の　カードを　組《く》み合《あ》わせて　かん字を　作《つく》ろう。　できた　かん字を　□に　書《か》こう。

れい	①	②	③	④
业	木	日	曰	扌
曰	儿	匕	生	月
	光			

一つずつ　組《く》み合《あ》わせて
たしかめて　みよう。

きょうも　よく　がんばったぞ！
おわったら
ぶりぶり
シールを
はろう

2

① 春・夏・秋・冬・風
② 雪・多・少・高・古

せっせ
せっせ
あの二人、へやをちらかしてるゾ。
たい。
ちがわい。
ころもがえよ。
こどもがえ?
ソッ
た。
ころもがえっ!
春《しゅん》夏《か》秋《しゅう》冬《とう》で着《き》る服《ふく》をかえることよ。
それにしても服《ふく》…多《おお》いね。
たしかに母《かあ》ちゃんのが多《おお》くて、父《とう》ちゃんは少《すく》ない。
や、やーね、ふつうでしょっ!!
これ…いる?
いるわよ!! 風《かぜ》が吹《ふ》いて寒《さむ》い日のコート!
じゃ、こっちは?
同《おな》じよーなコート…。
そっちは雪《ゆき》がふって寒《さむ》い日のコートなのっ!!
あなただってほらっ、にたよーなワイシャツばっかり!!
ワイシャツって、そういうものだし…。
じゃこのスカートは?
それ高《たか》かったの!
このスーツ古《ふる》くない?
それには思《おも》い出《で》が!!
やっぱりちらかしてるな…。
たい。

おしまい

ころもがえをするゾ!

2 1

春・夏・秋・冬・風

春 はらう

おん シュン
くん はる

夏 はらう

おん カ
くん なつ

秋 はらう

おん シュウ
くん あき

冬 はらう

おん トウ
くん ふゆ

風 はねる

おん フウ
くん かぜ かざ

春 ひ 9画《かく》

一 二 三 𡗗 夫 夫 春 春 春

ことば 立春《りっしゅん》 春一番《はるいちばん》

夏 ふゆがしら 10画《かく》

一 ア ア 百 百 百 百 夏 夏 夏

ことば 初夏《しょか》 夏日《なつび》

秋 のぎへん 9画《かく》

ノ 二 千 千 禾 禾 秋 秋 秋

ことば 千秋《せんしゅう》 秋雨《あきさめ》

冬 ふゆがしら 5画《かく》

ノ ク 夂 冬 冬

ことば 冬《とう》みん 冬休《ふゆやす》み

風 かぜ 9画《かく》

丿 几 凡 凡 凧 凬 風 風 風

ことば 台風《たいふう》 古風《こふう》 向《む》かい風《かぜ》 風上《かざかみ》

① 春分《ぶん》の日 （　　）

② 夏休《やす》み （　　）

③ 秋分《ぶん》の日 （　　）

④ □ ふゆ じたく

⑤ □ かざ 車《ぐるま》

きょうも よく がんばったぞ! おわったら ぶりぶりシールを はろう

月　日　曜日《ようび》

終《お》わったら 田んぼに カエルとりに 行《い》こう。

2 ②

雪・多・少・高・古

月　日　曜《よう》日《び》

雪

おん　セツ

くん　ゆき

雪　あめかんむり

11画《かく》

ことば
雪原《せつげん》
雪見《ゆきみ》
雪山《ゆきやま》

多

はらう

おん　タ

くん　おお(い)

多　ゆうべ　た

6画《かく》

ことば
多大《ただい》
大多数《だいたすう》
数多《かずおお》く

少

はらう

おん　ショウ

くん　すく(ない)　すこ(し)

少　しょう

4画《かく》

ことば
少女《しょうじょ》
多少《たしょう》
少《すく》ない

高

はねる

おん　コウ

くん　たか(い)　たか　たか(まる)　たか(める)

高　たかい

10画《かく》

ことば
高学年《こうがくねん》
高鳴《たかな》る

古

おん　コ

くん　ふる(い)　ふる(す)

古　くち

5画《かく》

ことば
古風《こふう》
太古《たいこ》
古《ふる》めかしい

---

① 雪女《おんな》（　　）

② 多い（　　）

③ 少年《ねん》（　　）

④ こう　□　校生《こうせい》

⑤ こ　□　風《ふう》

きょうも よく がんばったぞ!
おわったら ぶりぶりシールを はろう

おさらいテスト①

6～12ページの　おさらいだゾ！

月　日

点《てん》

1

――の　かん字の　読《よ》み方《かた》を　書《か》きましょう。

ことば　ひとつ　8点《てん》

① 四つの　きせつを　春夏秋冬（　　　）と　いう。

② 北風（　　　）が　ふく。

③ 多少（　　　）

④ 東西（　　　）

2

□に　かん字を　書《か》きましょう。

ことば　ひとつ　8点《てん》

① □《ゆき》の　□《おお》い　□《ち》□《ほう》に　すむ。

② □《ほし》が　□《あか》るく　□《ひか》って　いる。

3

つぎの　かん字の　画数《かくすう》は　いくつですか。○に　数字《すうじ》を　書《か》きましょう。

1もん　10点《てん》

① 南……○

② 高……○

忘《わす》れないうちに
おさらいをしようね！

きょうも　よく　がんばったぞ！
おわったら
ぶりぶり
シールを
はろう

3

① 国・語・算・数・理

② 科・教・室・内・外

リンゴ 5つと 2つを あわせると いくつかな?

ふっ…、これは かんたんな 算数《さんすう》の もんだいさ。

5つと
2つ…?

2つの 勝《か》ち!!

あらら、いつのまにか ジャンケンに…。

先が 思《おも》い やられるな…。

小学校は 算数《さんすう》 いがいも いろいろ 勉強《べんきょう》 するんだって。

ネネは 国語《こくご》が 楽《たの》しみ!

言葉《ことば》を たくさん おぼえて リアルおままごとを もーっと リアルに したいの!!

ぞ〜っ
ぼ、ボクは マンガで 読《よ》んだ 歴史《れきし》の ことを 知《し》りたいから 社会《しゃかい》かな。

ボクは 石に ついて 勉強《べんきょう》したいから… 理科《りか》。

みんな、らしくて いいね。

まぁ ボクは 英会話《えいかいわ》教室《きょうしつ》に 通《かよ》いながら 全教科《ぜんきょうか》を カンペキに マスターして、将来《しょうらい》は 国内《こくない》でも 海外《かいがい》でも かつやく する つもりさ。

ぺらぺら
…先が 思《おも》い やられるね。

しんのすけに 言《い》われたく ないっ!!

がんば
おまえがな、

おしまい

小学校の お勉強《べんきょう》を するゾ!

国・語・算・数・理

月 日 曜日《ようび》

国

とめる

おん コク
くん くに

国 くにがまえ 8画《かく》

ことば：国語《こくご》 国家《こっか》 雪国《ゆきぐに》

語

おん ゴ
くん かた(る) かた(らう)

語 ごんべん 14画《かく》

ことば：言語《げんご》 日本語《にほんご》 語《かた》り手《て》

算

おん サン
くん ―

算 たけかんむり 14画《かく》

ことば：算数《さんすう》 計算《けいさん》 合算《がっさん》

数

はらう

おん スウ
くん かず かぞ(える)

数 ぼくづくり ぼくにょう のぶん 13画《かく》

ことば：数学《すうがく》 半数《はんすう》 口数《くちかず》

理

おん リ
くん ―

理 おうへん 11画《かく》

ことば：理科《りか》 原理《げんり》

---

① 国王《おう》（　　）

② 日本《にほん》語（　　）

③ かけ算（　　）

④ すう字《じ》

⑤ 心《しん》り

きょうも よく がんばったぞ!
おわったら ぶりぶりシールを はろう

さて ひと仕事《しごと》 終《お》わり!! お茶《ちゃ》でも のもーっと。

3-2 科・教・室・内・外

月　日　曜日《ようび》

科

はらう

おん カ
くん ―

科 のぎへん
9画《かく》
ノ ニ 千 禾 禾 禾 禾 科 科

ことば
科目《かもく》
百科《ひゃっか》

教

おん キョウ
くん おし(える)　おそ(わる)

教 ぼくづくり ぼくにょう のぶん
11画《かく》
一 十 土 耂 耂 考 孝 孝 孝 教 教

ことば
教科書《きょうかしょ》
教《おし》え子《ご》

室

おん シツ
くん ―

室 うかんむり
9画《かく》
丶 丷 宀 宀 宀 宀 宀 宰 室

ことば
教室《きょうしつ》
入室《にゅうしつ》

内

はねる

おん ナイ
くん うち

内 どうがまえ けいがまえ
4画《かく》
丨 冂 内 内

ことば
国内《こくない》
内心《ないしん》
内気《うちき》

外

とめる

おん ガイ
くん そと　ほか　はず(す)　はず(れる)

外 ゆうべ た
5画《かく》
ノ ク タ 夘 外

ことば
外出《がいしゅつ》
外回《そとまわ》り
町外《まちはず》れ

---

① 科学者《がくしゃ》（　　）

② 教わる（　　）

③ 教室（　　）

④ うち
□気《き》

⑤ がい
□見《けん》

きょうも よく がんばったぞ!
おわったら ぶりぶりシールを はろう

いつも やっている ことを やれば いいのさ。

かん字パズル②

形《かたち》の ちがいに 気を つけろ！

一つだけ 形《かたち》の ちがう かん字が まざって いるよ。 さがして □に 書《か》こう。

れい

大 大 大 大
大 犬 大 大
大 大 大 大
大 大 大 大
大 大 大 大

↓

犬

①

数 数 数
数 数 数 数
数 数 数 教 数
数 数 数 数
数 数 数

↓

□

②

空 空 空 空
空 空 空
空 室 空
空 空 空
空
空 空

↓

□

③

内 内 内
内
内
内 同 内 内
内
内 内 内 内
内 内

↓

□

④

日 日
日
日 目
日
日 日
日 日
日
日 日
日
日
日
日 日
日

↓

□

一文字ずつ 形《かたち》を よく 見て くらべるのだ！

きょうも よく がんばったぞ！
おわったら ぶりぶりシールを はろう

4

① 楽・体・歌・声・前

② 後・午・時・計・万

母《かあ》ちゃんの休日だゾ!

ふんふん ふふ〜ん♪
くあ
歌《うた》なんか うたって ごきげんだね。
この 前《まえ》の ふくびきで 当《あ》たった エステに 今日《きょう》の 午後《ごご》 行《い》くんだって。
くあっ
ふだんは 1万《まん》円《えん》も する コースなのよん♡
くあ
エステから 帰《かえ》ったら 顔《かお》も 体《からだ》も 別人《べつじん》で びっくり しちゃう かもよ〜!
…テレビ みよっか。
たいたい。
うんうん。
何《なに》か 言《い》ってよ!!
川《かわ》井《い》川《かわ》代《よ》だ。この 昼《ひる》ドラマで ヒットしたね。
うーん、まるで 小鳥《ことり》の さえずりの よーな 声《こえ》♡
ん
ここここ この ドラマが 始《はじ》まったって ことはーっ!
わっ。
まるで かいじゅうの うなり声《ごえ》…。
なんてこと…。時計《とけい》が 止《と》まってる…。
今《いま》からじゃ 予約《よやく》に 間《ま》に合《あ》わない…。
楽《たの》しみに してたけど 予約《よやく》を キャンセル しなきゃ…。
もし もし…
……。
お客《きゃく》さん こってますなぁ。
たいっ。
いつも ありがとう。
ふふ… エステよりも いやされるわ。

おしまい

4 ① 楽・体・歌・声・前

月　日　曜日《ようび》

楽
おん　ガク　ラク
くん　たの(しい)　たの(しむ)

楽　き　13画《かく》

ことば　気楽《きらく》　音楽《おんがく》

体
おん　タイ
くん　からだ

体　にんべん　7画《かく》

ことば　体当《たいあ》たり　正体《しょうたい》　天体《てんたい》

歌
おん　カ
くん　うた　うた(う)

歌　あくび　かける　14画《かく》

ことば　校歌《こうか》　はな歌《うた》

声
おん　セイ
くん　こえ

声　さむらい　7画《かく》

ことば　名声《めいせい》　音声《おんせい》　小声《こごえ》

前
おん　ゼン
くん　まえ

前　りっとう　9画《かく》

ことば　前日《ぜんじつ》　前方《ぜんぽう》　手前《てまえ》　当《あ》たり前《まえ》

---

① 楽しみ（　　）

② 体力《りょく》（　　）

③ 歌手《しゅ》（　　）

④ □□ うた ごえ

⑤ 名《な》 □ まえ

きょうも よく がんばったぞ!　おわったら ぶりぶりシールを はろう

しんちゃん、勉強《べんきょう》の あとで リアルおままごと しよう。

後・午・時・計・万

月　日　曜日《ようび》

後

はらう

おん　ゴ　コウ

くん　のち　うし(ろ)　あと

後　ぎょうにんべん　9画《かく》

ことば　後日《ごじつ》　前後《ぜんご》　今後《こんご》　後回《あとまわ》し

午

おん　ゴ

くん　―

午　じゅう　4画《かく》

ことば　午前《ごぜん》　正午《しょうご》　午後《ごご》

時

はねる

おん　ジ

くん　とき

時　ひへん　10画《かく》

ことば　時間《じかん》　時空《じくう》　今時《いまどき》　時計《とけい》(とくべつな　読《よ》み方《かた》)

計

おん　ケイ

くん　はか(る)　はか(らう)

計　ごんべん　9画《かく》

ことば　計画《けいかく》　会計《かいけい》　計《はか》り知《し》れない

万

はねる

おん　マン

くん　―

万　いち　3画《かく》

ことば　万《まん》が一《いち》　万歩計《まんぽけい》

① 後ろすがた（　　）

② 午後（　　）

③ 三《さん》時（　　）

④ けい□算《さん》

⑤ 一《いち》まん□円《えん》

きょうも　よく　がんばったぞ！　おわったら　ぶりぶりシールを　はろう

遠足《えんそく》に　持《も》って　いく　おやつは　300円《えん》までと　します。

おさらいテスト②

14～20ページの おさらいだゾ！

月　　日

点《てん》

1

ーの かん字の 読《よ》み方《かた》を 書《か》きましょう。

ことば ひとつ 10点《てん》

①（　　）教室から（　　）歌声が 聞《き》こえる。

②（　　）時計

③（　　）算数よりも（　　）音楽の じゅぎょうが すき。

2

□に かん字を 書《か》きましょう。

ことば ひとつ 10点《てん》

① □□《こくご》と □□《りか》を 学ぶ。

② □□《ごご》から □□《がいしゅつ》しよう。

3

太《ふと》い 線《せん》は 何番目《なんばんめ》に 書《か》きますか。

○に 数字《すうじ》を 書《か》きましょう。

1もん 5点《てん》

① 体 …… ○

② 万 …… ○

形《かたち》の似《に》ている 漢字《かんじ》に注意《ちゅうい》しようね。

きょうも よく がんばったぞ！ おわったら ぶりぶりシールを はろう

5

① 茶・黒・黄・色・絵
② 画・工・作・遠・近

えんげき 発表会《はっぴょうかい》の じゅんび だゾ！

えんげき発表会《はっぴょうかい》の じゅんびを しましょう。
はーい
大きい 画用紙《がようし》に 絵《え》が かいて あるから、色《いろ》を ぬってね。
木よりも 山が 小さくない？ ヘンなのー。
遠《とお》くの ものは 近《ちか》くの ものより 小さく 見える のよ。
ぷ〜。
ぴちょ
二人は 工作《こうさく》で きびだんごを 作《つく》ってね。
はーい。
ボクたちは 茶《ちゃ》色《いろ》い 布《ぬの》で 犬と サルの 服《ふく》を 作《つく》ろう。
オニの パンツは 黒《くろ》と 黄《き》色《いろ》 で。
うんうん。
ぬり ぬり
ぬり!!
もう 少《すこ》し ていねいに ぬって〜！
あ。
バシャ
オラの ゲージツが！
いしょうが みどり色《いろ》に!!
みどり ~~もも~~たろう
発表会《はっぴょうかい》の 日。
…はじめて 聞《き》く お話《はなし》ね。

おしまい

茶・黒・黄・色・絵

月　日　曜日《ようび》

茶

とめる　はらう

おん　チャ
くん　ー

茶　くさかんむり　9画《かく》

ことば　茶色《ちゃいろ》　お茶目《ちゃめ》

黒

とめる

おん　コク
くん　くろ　くろ(い)

黒　くろ　11画《かく》

ことば　黒板《こくばん》　黒曜石《こくようせき》　黒星《くろぼし》　白黒《しろくろ》

黄

とめる

おん　オウ
くん　き

黄　き　11画《かく》

ことば　黄土色《おうどいろ》　黄色《きいろ》

色

はねる

おん　ショク　シキ
くん　いろ

色　いろ　6画《かく》

ことば　原色《げんしょく》　色紙《しきし》　七色《なないろ》

絵

はらう

おん　カイ　エ
くん　ー

絵　いとへん　12画《かく》

ことば　絵画《かいが》　絵心《えごころ》

①　麦《むぎ》茶（　　）

②　黒ねこ（　　）

③　黄金《ごん》（　　）

④　十人十《じゅうにんと》いろ

⑤　え本《ほん》

きょうも よく がんばったぞ!
おわったら ぶりぶりシールを はろう

5 ②

画・工・作・遠・近

月	日	曜日《ようび》

画

おん ガ カク
くん —

画 た
8画《かく》
一 丅 冂 帀 再 亩 画 画

ことば
画用紙《がようし》
画家《がか》
画数《かくすう》

工

おん コウ ク
くん —

工 たくみ
3画《かく》
一 丅 工

ことば
工作《こうさく》
図工《ずこう》
大工《だいく》
細工《さいく》

作

おん サク サ
くん つく(る)

作 にんべん
7画《かく》
ノ イ 作 作 作 作 作

ことば
名作《めいさく》
作家《さっか》
作用《さよう》
手作《てづく》り

遠

おん エン
くん とお(い)

遠 しんにゅう しんにょう
13画《かく》
一 十 土 土 吉 吉 声 吉 声 袁 遠 遠 遠

ことば
遠心力《えんしんりょく》
遠方《えんぽう》
遠出《とおで》

近

おん キン
くん ちか(い)

近 しんにゅう しんにょう
7画《かく》
ノ 厂 斤 斤 䜣 䜣 近

ことば
遠近《えんきん》
近海《きんかい》
間近《まぢか》

① 絵《かい》画（　　）
② 木《もっ》工（　　）
③ 作（　　）文《ぶん》
④ えん □ 足《そく》
⑤ ちか □ 道《みち》

きょうも よく がんばったぞ! おわったら ぶりぶりシールを はろう

たいたいっ。

かん字パズル ③

なかま外《はず》れの かん字を さがそう!

かん字を グループに 分《わ》けたら、 なかま外《はず》れの かん字や ことばが まざっちゃった。 さがして ×を つけよう!

れい

三 一 百 十 千 ~~目~~ 五

それぞれ どんな グループなのかな?

①

茶 白 黒 黄 赤 星 青

②

東 上 北 西 南

③

手 足 耳 女 目 口

④

教室 算数 音楽 生活 国語 図工

きょうも よく がんばったぞ!
おわったら ぶりぶりシールを はろう

6

①朝・昼・夜・間・回
②当・番・組・元・戸

こんしゅうの　おとうばん
まど
みずやり
おてつだい
おそうじ
ごあいさつ
しんちゃん
ボーちゃん
ネネちゃん
カザマくん
マサオくん
あれ なーに？
ひまわり組《ぐみ》のお当番《とうばん》表《ひょう》よ。
くるくる回《まわ》して ダーツで 決めるやつね。
ダーツは つかいません!!
くるくる
「まど」って 何《なに》を するんですか？
まどを あけて 空気を 入れかえる かかりよ。
朝《あさ》あけて 昼間《ひるま》に しめて もらいます。
健《けん》こうで 元気《げんき》に すごすため ですよね。
夜《よる》は 何《なに》を すれば いいですか？
おうちで ゆっくり すごしてね。
戸《と》じまりでも してろよ！
じゃ、さっそく 明日《あした》から しんちゃんに まど当番《とうばん》して もらおっかな。
うおおおおっ あけまくる ぞーっ!!
しめるのも 忘《わす》れないでね…。
翌日《よくじつ》
ザザーーッ
アクション ようちえん
今日《きょう》も 一日 元気《げんき》に すごすぞーっ！
カゼ ひいちゃう よっ!!
ザザ

おしまい

お当番《とうばん》なら おまかせ だゾ！

朝・昼・夜・間・回

月　日　曜日《ようび》

朝

おん　チョウ
くん　あさ

はねる

朝　つき

12画《かく》

ことば
朝食《ちょうしょく》
朝顔《あさがお》
今朝《けさ》
（とくべつな読《よ》み方《かた》）

昼

おん　チュウ
くん　ひる

はらう

日　ひ

9画《かく》

ことば
白昼《はくちゅう》
昼夜《ちゅうや》
昼下《ひるさ》がり

夜

おん　ヤ
くん　よ　よる

はらう

夕　ゆうべ　た

8画《かく》

ことば
今夜《こんや》
夜間《やかん》
夜中《よなか》

間

おん　カン　ケン
くん　あいだ　ま

はねる

門　もんがまえ

12画《かく》

ことば
間食《かんしょく》
人間《にんげん》
合間《あいま》

回

おん　カイ
くん　まわ(る)　まわ(す)

囗　くにがまえ

6画《かく》

ことば
回数《かいすう》
上回《うわまわ》る

---

① 朝ごはん（　　）

② 昼間（　　）

③ 夜明《あ》け（　　）

④ この あいだ □

⑤ まわ □ れ右

きょうも よく がんばったぞ!
おわったら ぶりぶりシールを はろう

しん様《さま》、今度《こんど》の 日曜日《にちようび》 おひまかしら？

6 2

当・番・組・元・戸

当

くん あ(たる) あ(てる)

おん トウ

当 しょう

6画《かく》

丨 ⺌ ⺌ 当 当 当

ことば

当日《とうじつ》

大当《おおあ》たり

手当《てあ》て

番

くん —

おん バン

番 た

12画《かく》

一 ㇒ ㇒ 亠 平 平 釆 釆 番 番 番 番

ことば

当番《とうばん》

番組《ばんぐみ》

組

くん く(む) くみ

おん ソ

組 いとへん

11画《かく》

ㄑ 幺 幺 糸 糸 糸 糹 紅 組 組 組

ことば

二人組《ふたりぐみ》

組《く》み立《た》て

元

くん もと

おん ゲン ガン

はねる

元 ひとあし にんにょう

4画《かく》

一 二 テ 元

ことば

元気《げんき》

元年《がんねん》

足元《あしもと》

戸

くん と

おん コ

はらう

戸 と

4画《かく》

一 ㇕ ヨ 戸

ことば

戸数《こすう》

木戸《きど》

引《ひ》き戸《ど》

① 大《おお》当たり （　　）

② 出《で》番 （　　）

③ 組み合《あ》わせ （　　）

④ □ もと 通《どお》り

⑤ □ と じまり

月　日　曜日《ようび》

きょうも よく がんばったぞ! おわったら ぶりぶりシールを はろう

なんだか 元気《げんき》が 出《で》て きた。

おさらいテスト③

22〜28ページの おさらいだゾ！

月　日　点《てん》

1

——の かん字の 読《よ》み方《かた》を 書《か》きましょう。

ことば ひとつ 10点《てん》

① お茶目（　　）な ひまわり。

② 戸（　　）じまりの 当番（　　）

③ 遠近（　　）ほうで えがかれた 絵画（　　）。

2

□に かん字を 書《か》きましょう。

ことば ひとつ 10点《てん》

① □□《きいろ》 の □《え》 のぐで ぬる。

② □□□《あさひるよる》 の 見《み》□《まわ》りを する。

3

おくりがなが 正しい 方《ほう》に ○を つけましょう。

1もん 5点《てん》

①
（　）作《つく》る
（　）作《つ》くる

②
（　）近《ちか》い
（　）近《ち》かい

送《おく》りがなも しっかり覚《おぼ》えてね！

きょうも よく がんばったぞ！ おわったら ぶりぶりシールを はろう

7

① 父・母・行・帰・公
② 園・野・原・走・来

へ・ん・た・い だーっ!!
どこに!?
大変《たいへん》って言《い》いたいんでしょ。
つ、つかれた…。
ハァ ハァ ハァ ハァ
○○公園
家《いえ》からずっと走《はし》りっぱなし。
しんのすけー
それでは、コンテスト優勝者《ゆうしょうしゃ》の発表《はっぴょう》です!!
優勝《ゆうしょう》は〜。
アクション仮面《かめん》なりきりコンテスト △月《がつ》×日《にち》 ○○公園《こうえん》に集合《しゅうごう》!!
公《こう》園《えん》にアクション仮面《かめん》が来《き》てるぞ!!
まいったなァ。父《とう》ちゃんと母《かあ》ちゃん、どこに行《い》っちゃったんだろう?
ワハハハハッ
野《の》原《はら》しんのすけくん5才《さい》でーす!!
早く、早くぅ。アクション仮面《かめん》帰《かえ》っちゃう!!
まてよ〜っ!
しゃーっ
しんのすけー、どこだー!
あの子まいごに?
ヒーローになって何《なに》をしたい?
まいごの父《ちち》と母《はは》を見つけたいです!!
きりっ
まいごはおまえだーっ!!

おしまい

アクション仮面《かめん》がやってくるゾ!

7 1

父・母・行・帰・公

父 おん フ くん ちち

母 おん ボ くん はは

行 おん コウ ギョウ くん い(く) ゆ(く) おこな(う)

帰 おん キ くん かえ(る) かえ(す)

公 おん コウ くん ―

はらう はねる はねる はねる とめる

父 ちち 4画《かく》 ノ ハ ク 父

ことば 父子《ふし》 父母《ふぼ》 父親《ちちおや》 父《とう》さん（とくべつな読《よ》み方《かた》）

母 ははのかんむり なかれ 5画《かく》 L 口 口 母 母

ことば 母国《ぼこく》 母子《ぼし》 母親《ははおや》 母《かあ》さん（とくべつな読《よ》み方《かた》）

行 ぎょう 6画《かく》 ノ 彳 彳 行 行 行

ことば 通行《つうこう》 一行目《いちぎょうめ》

帰 はば 10画《かく》 丨 リ … 帰

ことば 帰国《きこく》 行《い》き帰《かえ》り

公 八 はち はちがしら 4画《かく》 ノ 八 公 公

ことば 公海《こうかい》 公言《こうげん》

① 父上《うえ》（　　）

② 母の日（　　）

③ 日《ひ》ごろの行い（　　）

④ □ りの会《かい》（かえ）

⑤ □ 園《えん》（こう）

きょうも よく がんばったぞ! おわったら ぶりぶりシールをはろう

しっかり 勉強《べんきょう》して、早《はや》く 親孝行《おやこうこう》しな!!

月 日 曜日《ようび》

7 ②

園・野・原・走・来

月 日 曜日《ようび》

園

はらう

くん ─

おん エン

園 くにがまえ

13画《かく》

ことば

園長《えんちょう》

楽園《らくえん》

野

はねる

くん の

おん ヤ

野 さとへん

11画《かく》

ことば

広野《こうや》

分野《ぶんや》

野山《のやま》

原

はねる とめる

くん はら

おん ゲン

原 がんだれ

10画《かく》

ことば

草原《そうげん》

原作《げんさく》

川原《かわら》

(とくべつな 読《よ》み方《かた》)

走

はらう

くん はし(る)

おん ソウ

走 はしる

7画《かく》

ことば

走行《そうこう》

出走《しゅっそう》

走《はし》り書《が》き

来

はらう

くん く(る)

おん ライ

来 き

7画《かく》

ことば

来日《らいにち》

本来《ほんらい》

やって来《く》る

---

① どうぶつ園 (　　)

② 野生《せい》 (　　)

③ 野原 しんのすけ (　　)

④ はし り出す

⑤ らい 年《ねん》

きょうも よく がんばったぞ! おわったら ぶりぶり シールを はろう

いいなァ、本能《ほんのう》の ままに 生《い》きてて。

かん字パズル 4

まちがいの かん字を さがせ！

しんちゃんあてに 友《とも》だちから 手紙《てがみ》が とどいたよ。
でも、まちがいの かん字も ある みたい。
まちがいを さがして 正しく 書《か》き直《なお》そう。

れい
原

野原しんのすけくん、こんにちは。
お父さん、お母さん、
ひまわりちゃんは 元気かな？
夏体みは どこかに 出かけたのかな？
ぼくは、外国に 行って、
まっ黒に 日やけして、帰って きたよ。
また いっしょに、広園で あそぼうね。

点《てん》や 線《せん》の ヌケに ちゅういしな！

きょうも よく がんばったぞ！
おわったら ぶりぶりシールを はろう

8

① 兄・弟・姉・妹・親

② 友・顔・答・才・合

キキィ
何《なん》とか間《ま》に合《あ》った。
間《ま》に合《あ》ってないわよ!!
アクション ようちえん
しんちゃんはちこくの天《てん》才《さい》ね。
えっへん。
ほめてないけど…。
もんだい!! オラはなんでちこくしたんでしょーか?
どうせトイレでも行《い》ってたんだろ。
いつものやつだね。
ブーッ!! 答《こた》えはひまわりにラクガキされて顔《かお》を洗《あら》ってたからでしたー。
くるっ
落《お》ちてないし…。
しんちゃんはいいなァ。かわいい妹《いもうと》がいて。
よければどーぞ。親《おや》とセットで。
おい。
決《き》めた!! 今日《きょう》のリアルおままごとで、ネネはお姉《ねえ》ちゃんやるっ。
がんばってねー。
サーッ
しんちゃんが妹《いもうと》で、マサオくんが弟《おとうと》、のこり二人はお兄《にい》ちゃんね…。逃《に》げたらこうよ。
ずんっ
びくっ
ほらほら、教室《きょうしつ》に入ってー。お友《とも》だちがまってるわよー。
助《たす》かった。
ぴゅーん
あ〜ん。今日《きょう》は兄弟《きょうだい》みんなでちこくしちゃってたいへ〜ん♡
まだつづいてるの!?

おしまい

リアルおままごとはタイヘンだゾ!

8 ①

兄・弟・姉・妹・親

月　日　曜日《ようび》

兄	弟	姉	妹	親
はねる	とめる　はねる	はねる	とめる　はらう	はねる
おん　キョウ	おん　ダイ	おん　―	おん　―	おん　シン
くん　あに	くん　おとうと	くん　あね	くん　いもうと	くん　おや　した(しい)　した(しむ)
儿 ひとあし にんにょう	弓 ゆみ	女 おんなへん	女 おんなへん	見 みる
5画《かく》	7画《かく》	8画《かく》	8画《かく》	16画《かく》
｜ロロ尸兄	、丷䒑当弟弟	く女女女'女'姉姉姉	く女女女'女'妹妹妹	、亠立立辛亲新親親

ことば

兄弟《きょうだい》
兄上《あにうえ》
兄《にい》さん
（とくべつな読《よ》み方《かた》）

ことば

兄弟《きょうだい》
弟分《おとうとぶん》

ことば

姉上《あねうえ》
姉《ねえ》さん
（とくべつな読《よ》み方《かた》）

ことば

妹分《いもうとぶん》

ことば

親友《しんゆう》
親心《おやごころ》
親《した》しみ

① 兄（　　）

② 兄弟（　　）

③ 姉（　　）

④ □ いもうと

⑤ □ おや 子《こ》

きょうも よく がんばったぞ！
おわったら ぶりぶりシールを はろう

ネネは　リアリティーの　ある　おままごとが　したいの。

友・顔・答・才・合

月　日　曜日《ようび》

友

はらう

おん：ユウ
くん：とも

友　また
4画《かく》
一 ナ 方 友

ことば
友人《ゆうじん》
交友《こうゆう》
友《とも》だち

顔

とめる

おん：ガン
くん：かお

顔　おおがい
18画《かく》
丶 亠 亠 亣 立 产 产 彦 彦 彦 彦 彦 顔 顔 顔 顔 顔 顔

ことば
顔面《がんめん》
顔《かお》立《だ》ち

答

はらう

おん：トウ
くん：こた(える)　こた(え)

答　たけかんむり
12画《かく》
ノ 𠂉 ⺈ ⺮ ⺮ ⺮ 竺 笈 笒 笒 答 答

ことば
正答《せいとう》
ご名答《めいとう》
口答《くちごた》え

才

はねる

おん：サイ
くん：―

才　て
3画《かく》
一 十 才

ことば
五才《ごさい》
多才《たさい》
青二才《あおにさい》

合

はらう

おん：ゴウ　ガッ　カッ
くん：あ(う)　あ(わす)　あ(わせる)

合　くち
6画《かく》
ノ 𠆢 亼 今 合 合

ことば
合同《ごうどう》　合点《がってん》
合図《あいず》
組《く》み合《あ》わせ

---

① 親《しん》友（　　）

② 朝《あさ》顔（　　）

③ 口《こう》答（　　）

④ 天《てん》□《さい》

⑤ 答《こた》え□《あ》わせ

きょうも よく がんばったぞ！
おわったら ぶりぶりシールを はろう

ふ、君《きみ》たちに　わかる？　この　大人《おとな》っぽい　表現《ひょうげん》が…。

おさらいテスト④

30〜36ページの おさらいだゾ!

月　日

点《てん》

1

—の かん字の 読《よ》み方《かた》を 書《か》きましょう。

ことば ひとつ 7点《てん》

① 公園《（　　）》で シロが 走《（　　）》り回《まわ》る。

② 来日《（　　）》

③ 友《（　　）》だちを さがして 行《（　　）》ったり 来《（　　）》たり した。

2

□に かん字を 書《か》きましょう。

ことば ひとつ 7点《てん》

① □□《のはら》家《け》の □《ちち》と □《はは》。

② □《あに》と □《おとうと》は □《かお》が にて いる。

3

つぎの かん字は まちがって います。□に 正しい かん字を 書《か》きましょう。

1もん 8点《てん》

① 帰 …… □

② 答 …… □

家族《かぞく》を表《あらわ》す漢字《かんじ》は まとめて覚《おぼ》えるといいわよ。

きょうも よく がんばったぞ! おわったら ぶりぶりシールを はろう

9

①心・思・言・知・考
②何・自・分・活・記

あー。

ん、シロも食《た》べたいの?

へっへっへっ。

サク サク
チケモンスナック
はい、あーん。

なんつって。

こら、そんな イジワルして!!

パク
チケモンスナック
シロが自分《じぶん》の考《かんが》えや思《おも》って いる ことを言葉《ことば》に できたら何《なん》て 言《い》うかしら。

知《し》~らね。

しんちゃん…、キミとは もういっしょに 生活《せいかつ》できないよ…。ボクの ことキライなんでしょ?

うおっ!

でも、ここでの暮《く》らしは楽《たの》しかった…。その 記《き》おくだけを 胸《むね》に生きて いくよ。

すきに すればー。

シロ
ずずっ
し、心配《しんぱい》なんかしないぞ…!!

…さよなら、しんちゃん。

……。

やっぱだめええっ!!

な、何《なん》なの?いきなりどした?

?

?

ごめんね、シロ。おまけシールあげるね。

……。

チケモンスナック

おしまい

シロのテレパシーだゾ!

9 1

心・思・言・知・考

心

おん シン
くん こころ

心 こころ 4画《かく》

ことば
心外《しんがい》
会心《かいしん》
心当《こころあ》たり

思

とめる はねる

おん シ
くん おも(う)

思 こころ 9画《かく》

ことば
思考《しこう》
思《おも》い立《た》つ

言

おん ゲン ゴン
くん い(う) こと

言 げん 7画《かく》

ことば
言語《げんご》　小言《こごと》
二言《にごん》はない
言《い》い合《あ》い

知

とめる

おん チ
くん し(る)

知 やへん 8画《かく》

ことば
知力《ちりょく》
顔見知《かおみし》り
お知《し》らせ

考

はねる

おん コウ
くん かんが(える)

考 おいかんむり 6画《かく》

ことば
考古学《こうこがく》
考《かんが》え出《だ》す

① 心がける（　　）

② 思いつく（　　）

③ 一《ひと》言（　　）

④ 思《おも》い□《し》る

⑤ □《かんが》えごと

きょうも よく がんばったぞ!
おわったら ぶりぶりシールを はろう

ウチの子って いい 感性《かんせい》 してる。 もしかして 将来《しょうらい》は 天才詩人《てんさいしじん》かも…。

月　日　曜日《ようび》

何・自・分・活・記

月　日　曜日《ようび》

何

おん —
くん なに　なん

何 にんべん　7画《かく》

ノ 亻 仁 仃 何 何 何

ことば　何色《なにいろ》　何人《なんにん》

自

おん ジ　シ
くん みずか(ら)

自 みずから　6画《かく》

′ 丨 冂 白 自 自

ことば　自学《じがく》　自力《じりき》　自然《しぜん》

分

くっつけない　はねる

おん ブン　フン　ブ
くん わ(ける)　わか(れる)　わ(かる)　わ(かつ)

分 かたな　4画《かく》

ノ 八 分 分

ことば　半分《はんぶん》　五分《ごぶ》　引《ひ》き分《わ》け　分《わ》かち合《あ》う

活

おん カツ
くん —

活 さんずい　9画《かく》

丶 丶 氵 氵 汘 汗 活 活 活

ことば　生活《せいかつ》　活気《かっき》

記

はねる

おん キ
くん しる(す)

記 ごんべん　10画《かく》

丶 亠 亖 言 言 言 言 訂 記 記

ことば　記入《きにゅう》　明記《めいき》　絵日記《えにっき》

---

①　何時《じ》　（　　）

②　自分　（　　）

③　七三《しちさん》分け　（　　）

④　［　　］かつ　火山《かざん》

⑤　書《か》き　［　　］しる　す

きょうも よく がんばったぞ!
おわったら ぷりぷりシールをはろう

ここは 私《わたし》に まかせなさい。

かん字パズル 5

オラの 家《か》ぞくを 書《か》くと…？

しんちゃんの 家《か》ぞくを かん字で 書《か》こう。

きょうも よく がんばったぞ！ おわったら ぶりぶりシールを はろう

10

①社・会・新・聞・読
②紙・電・話・図・書

こんにちはー。
今日《きょう》はごめんね。
ななこおねいさん♡
この子、ななこちゃんと図書館《としょかん》へ行《い》くの、すごく楽《たの》しみにしてたのよ。
私《わたし》も楽《たの》しみでねられなかったんだ。
ドキーン
しんちゃん、それ新聞紙《しんぶんし》?もう読《よ》んでるの?
社会《しゃかい》の一員《いちいん》としてとーぜんです。
ぷ…、逆《さか》さまよ。
へ
クロスワードやってるのよ。
ひとりでぜんぶとけたら、父《とう》ちゃんがオモチャ買《か》ってくれるの。
そういうことー!!でもすごいわ。
プルルルッ
電話《でんわ》…ちょっとごめんね。
はい。
…今《いま》のうち、ちょっと手つだってぇ。
ぽそ
クロスワードひさしぶりだぁ。
シャンプーのいいにおい…。オラしわよせ。
くんくん
…しんちゃん、これ、けっこうむずかしいよ。
ななこちゃんとケッコンしたら毎日《まいにち》となりでこうしていられるんだぁ。
ぽゆわわ
くあ
うつら
うつら
うつら
すー
そうなのよぉちょっと聞《き》いて~。
あと3時間《じかん》しゃべる
ぺちゃくちゃ
すーすー
図書館《としょかん》はまた別《べつ》の日になった。

おしまい

ななこおねいさんとクロスワードだゾ!

10 ①

社・会・新・聞・読

月　日　曜日《ようび》

社
はらう: —
おん: シャ
くん: やしろ
社 しめすへん　7画《かく》
ことば: 社長《しゃちょう》　お社《やしろ》

会
はらう
おん: カイ
くん: あ(う)
会 ひとがしら ひとやね　6画《かく》
ことば: 会社《かいしゃ》　出会《であ》う

新
おん: シン
くん: あたら(しい)　あら(た)　にい
新 おのづくり　13画《かく》
ことば: 新入生《しんにゅうせい》　新星《しんせい》　新潟県《にいがたけん》

聞
でない
おん: ブン
くん: き(く)　き(こえる)
耳 みみ　14画《かく》
ことば: 新聞《しんぶん》　外聞《がいぶん》

読
はねる
おん: ドク　トク　トウ
くん: よ(む)
読 ごんべん　14画《かく》
ことば: 読書《どくしょ》　読点《とうてん》　音読《おんよ》み

① 社会《かい》（　）
② 会話《わ》（　）
③ 新月《げつ》（　）
④ 百《ひゃく》□《ぶん》は 一見《いっけん》に しかず
⑤ 音《おん》□《どく》

きょうも よく がんばったぞ！ おわったら ぶりぶりシールを はろう

きょう　このあと　何《なに》して　あそぶ？

10 2

紙・電・話・図・書

月　日　曜日《ようび》

紙

紙

はねる

おん　シ

くん　かみ

紙　いとへん

10画《かく》

ことば
白紙《はくし》
紙《かみ》しばい
手紙《てがみ》

電

電

はねる

おん　デン

くん　—

電　あめかんむり

13画《かく》

ことば
電話《でんわ》　電池《でんち》
電気《でんき》　電車《でんしゃ》

話

話

はらう

おん　ワ

くん　はな(す)　はなし

話　ごんべん

13画《かく》

ことば
会話《かいわ》
通話《つうわ》
立《た》ち話《ばなし》

図

図

とめる

おん　ズ　ト

くん　—

図　くにがまえ

7画《かく》

ことば
地図《ちず》
図工《ずこう》
意図《いと》

書

書

おん　ショ

くん　か(く)

書　いわくひらび

10画《かく》

ことば
文書《ぶんしょ》
図書《としょ》
下書《したが》き

①　画用《がよう》紙　（　　）

②　電光石火《こうせっか》　（　　）

③　手《しゅ》話　（　　）

④　□《ず》形《けい》

⑤　□《しょ》道《どう》

きょうも よく がんばったぞ!
おわったら
ぶりぶり
シールを
はろう

さあ!! 気合《きあ》い 入れるよ!!

おさらいテスト⑤

38〜44ページの　おさらいだゾ！

月　日

点《てん》

1

―の　かん字の　読《よ》み方《かた》を　書《か》きましょう。　ことば　ひとつ　8点《てん》

①　心の　中（　　　）

②　思考を　めぐらす。（　　　）

③　図書室（　　　）

④　社会に　ついて　学んだ　ことを　紙に　記入する。（　　　）（　　　）（　　　）

2

□に　かん字を　書《か》きましょう。　ことば　ひとつ　8点《てん》

①　□《しん》□《ぶん》を　□《よ》んで　□《かんが》える。

②　□《じ》□《ぶん》から　□《でん》□《わ》を　かける。

3

太《ふと》い　線《せん》は　何番目《なんばんめ》に　書《か》きますか。
○に　数字《すうじ》を　書《か》きましょう。　1もん　6点《てん》

①　何……○

②　活……○

画数《かくすう》の多《おお》い漢字《かんじ》も
一画《いっかく》ずつ、ていねいに書《か》こうね。

きょうも　よく　がんばったぞ！
おわったら
ぶりぶりシールを
はろう

11

①点・丸・線・角・長

②太・細・形・直・台

子どもスポーツ大会《たいかい》だゾ！

子どもスポーツ大会《たいかい》
どん
どんっ
わわ
ワワ
にぎわってるなぁ。
わーわー
むりもないわ いちばん点《てん》数《すう》をとった子に“京都旅行《きょうとりょこう》チケット”ですもの。
そして今《いま》…、しんのすけがきせきの２位《い》!!
がんばってー!!
ほいほい。
たー
まずは直線《ちょくせん》コースを走《はし》り抜《ぬ》け丸太《まるた》のアスレチックへ!!
これ甘足《あまあし》〜。
苦手《にがて》ってことか？
だったらおとなしく道《みち》をゆずりなっ!!
どんっ
げんざい点数《てんすう》がトップの河村《かわむら》くん一気《いっき》に抜《ぬ》いた!!
あふん
わっ
とっ。
ほわぁあああ。
おっと野原《のはら》くん、いきおいでトップにせまるっ！
くるくるっ
とっ
とんとん
ふらっ
なにいっ？
細長《ほそなが》いへいきん台《だい》の先にある三角形《さんかくけい》の遊具《ゆうぐ》をこえればゴールです!!
へえええ
がばっ
わーっ、前《まえ》がっ！
わーっ
ぽ〜ん
野原《のはら》くん逆転《ぎゃくてん》ゴール!!
やった!! 京都旅行《きょうとりょこう》よ〜。
ゴロゴロ
わーーっ

おしまい

点・丸・線・角・長

月　日　曜日《ようび》

点
おん　テン
くん　—
点　れっか　れんが
9画《かく》

ことば
弱点《じゃくてん》
点字《てんじ》
原点《げんてん》

丸
はねる
おん　ガン
くん　まる　まる（い）　まる（める）
丸　てん
3画《かく》

ことば
一丸《いちがん》
丸太《まるた》
丸出《まるだ》し

線
おん　セン
くん　—
線　いとへん
15画《かく》

ことば
光線《こうせん》
直線《ちょくせん》

角
はらう
おん　カク
くん　かど　つの
角　つの
7画《かく》

ことば
四角形《しかくけい》
方角《ほうがく》
曲《ま》がり角《かど》

長
はらう
おん　チョウ
くん　なが（い）
長　ながい
8画《かく》

ことば
校長《こうちょう》
長生《ながい》き

①　点火《か》
②　花《はな》丸
③　光《こう》線
④　サイの□《つの》
⑤　□《なが》い耳

きょうも　よく　がんばったぞ!
おわったら　ぶりぶりシールを　はろう

ま、とにかく　家族《かぞく》そろって　の〜んびりしよ。

太・細・形・直・台

太
はらう
おん タイ タ
くん ふと(い) ふと(る)
大 だい
4画《かく》
一 ナ 大 太
ことば 太古《たいこ》 丸太《まるた》 太《ふと》もも

細
おん サイ
くん ほそ(い) ほそ(る) こま(か) こま(かい)
糸 いとへん
11画《かく》
く 幺 幺 糸 糸 糸 糸 紅 紅 細 細
ことば 細工《さいく》 心細《こころぼそ》い

形
はらう
おん ケイ ギョウ
くん かた かたち
彡 さんづくり
7画《かく》
一 二 于 开 开 形 形
ことば 正方形《せいほうけい》 人形《にんぎょう》 ひし形《がた》

直
とめる
おん チョク ジキ
くん ただ(ちに) なお(す) なお(る)
目 め
8画《かく》
一 十 广 冇 冇 有 直 直
ことば 直前《ちょくぜん》 正直《しょうじき》 直角《ちょっかく》 出直《でなお》す

台
とめる
おん ダイ タイ
くん —
口 くち
5画《かく》
ㄥ ム 厶 台 台
ことば 台本《だいほん》 土台《どだい》 台風《たいふう》 屋台《やたい》

① 図《ず》太い（　　）

② 細かい（　　）

③ 三角《さんかく》形（　　）

④ 立《た》ち□《なお》る

⑤ □《だい》形《けい》

きょうも よく がんばったぞ！ おわったら ぶりぶりシールを はろう

月　日　曜日《ようび》

言《い》われた ことは すぐ 行動《こうどう》に 移《うつ》す。これが よい子の 基本《きほん》です。

かん字パズル 6

はんたいの いみの かん字

線《せん》を たどった 先の □に
はんたいの いみの かん字を 書《か》こう。
かん字は □ から えらんでね。

れい	①	②	③	④
大	太	外	前	近

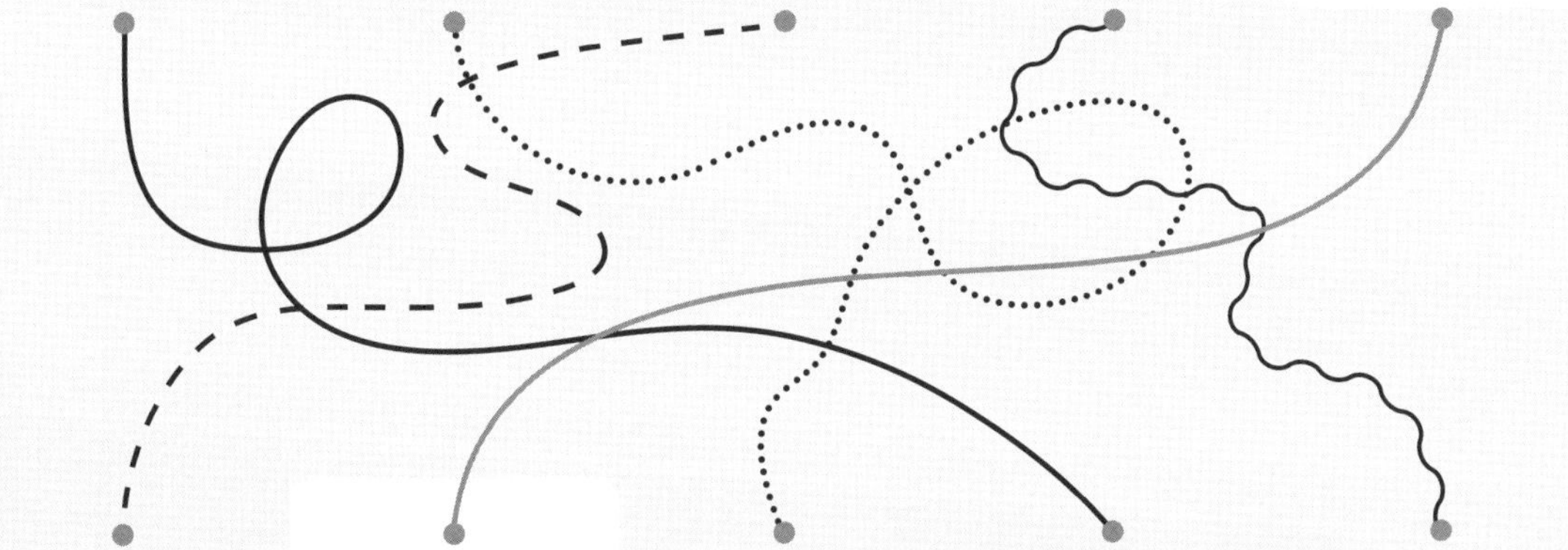

			小	

後　細　小　遠　内

わかるところから
うめていくんだ！

12

①交・通・道・広・寺

②門・歩・汽・京・市

京都《きょうと》で
汽車《きしゃ》に
のるゾ！

京都《きょうと》へ 来《き》た野原家《のはらけ》〔渡月橋《とげつきょう》〕
長《なが》ーい。
ほー
となりは車道《しゃどう》だから気を つけて。
〔烏丸通《からすまどお》り〕
歴史《れきし》を感《かん》じるなぁ。
お寺《てら》かしら、大きな 門《もん》も見えるわ。
オラ 歩《ある》きつかれたぁ。
この 次《つぎ》は鉄道博物館《てつどうはくぶつかん》がまってるのよ〜。
楽《たの》しくて元気《げんき》に なるぞ。
わーい！
もう 元気《げんき》になった。
この 通《とお》りの交差点《こうさてん》を右に 行《い》って広《ひろ》い 公園《こうえん》の中に あるって。
しゃきっ
〔鉄道博物館《てつどうはくぶつかん》〕
京都市内《きょうとしない》で汽車《きしゃ》に乗《の》れるなんてびっくり。
ね。
ほんと ほんと。
…だぁれ？
ケチな 旅《たび》ガラスでござんすよ。
何《なに》 この子おもしろい。
生《なま》八《や》ッ橋《はし》食《た》べる？
あ〜ん♡
京都《きょうと》ってさいこ〜〜。
あの子ったらどこ 行《い》ったのかしら。
ぽっぽ ぽっぽ。
うんうん、汽車《きしゃ》ポッポだねー。
ポッポーッ ポッポーッ、
かわいー。
もういっこ あ〜ん♡
なに やっとんの じゃーっ!!
ぽっぽ。

おしまい

交・通・道・広・寺

交

はらう

おん　コウ

くん　まじ(わる)　まじ(える)　ま(じる)　ま(ざる)　ま(ぜる)

なべぶた　けいさんかんむり　6画《かく》

丶 亠 亠 六 亣 交

ことば　交番《こうばん》　入《い》り交《ま》じる

通

はねる

おん　ツウ

くん　とお(る)　とお(す)　かよ(う)

しんにゅう　しんにょう　10画《かく》

フ マ ア 丙 丙 甬 甬 涌 诵 通

ことば　通知《つうち》　交通《こうつう》　通《とお》りすがり

道

はらう

おん　ドウ

くん　みち

しんにゅう　しんにょう　12画《かく》

丶 丷 䒑 䒑 产 首 首 首 首 首 道 道

ことば　歩道《ほどう》　水道《すいどう》　通《とお》り道《みち》

広

とめる

おん　コウ

くん　ひろ(い)　ひろ(がる)　ひろ(まる)　ひろ(げる)　ひろ(める)

まだれ　5画《かく》

丶 亠 广 広 広

ことば　広大《こうだい》　広間《ひろま》

寺

はねる

おん　ジ

くん　てら

すん　6画《かく》

一 十 土 圡 寺 寺

ことば　寺院《じいん》　山寺《やまでら》

---

① 親《しん》交（　　）

② 通り道《みち》（　　）

③ 水《すい》道（　　）

④ □ ひろ　場《ば》

⑤ □ じ　院《いん》

きょうも よく がんばったぞ！
おわったら ぶりぶりシールを はろう

月　日　曜日《ようび》

ガールフレンドが 泣《な》いてたら、「どうしたの？」とか 言《い》って 心配《しんぱい》する ものよ。

12 2

門・歩・汽・京・市

月　日　曜日《ようび》

門（はねる）

くん —
おん モン

門 もんがまえ　8画《かく》
丨 冂 冂 戸 門 門 門 門

ことば　門番《もんばん》　名門《めいもん》

歩（はらう）

くん ある(く)　あゆ(む)
おん ホ

歩 とめる　8画《かく》
丨 ⺊ 屮 止 止 歨 歩 歩

ことば　歩道《ほどう》　進歩《しんぽ》　歩《ある》き回《まわ》る

汽（はねる）

くん —
おん キ

汽 さんずい　7画《かく》
丶 冫 氵 氵 汇 汽 汽

ことば　汽船《きせん》　汽笛《きてき》

京（はねる）

くん —
おん キョウ

京 なべぶた　けいさんかんむり　8画《かく》
丶 亠 亡 亣 古 亨 亰 京

ことば　西京《さいきょう》焼《や》き　京都《きょうと》

市（はねる）

くん いち
おん シ

市 はば　5画《かく》
丶 亠 亡 亣 市

ことば　市区町村《しくちょうそん》　朝市《あさいち》

① 入《にゅう》門（　　）

② 歩みよる（　　）

③ 汽車《しゃ》（　　）

④ 東《とう》□《きょう》都《と》

⑤ 魚《うお》□《いち》場《ば》

きょうも よく がんばったぞ！
おわったら ぶりぶりシールを はろう

ボクは 別《べつ》に 今《いま》のままで いいんだ。

おさらいテスト⑥

46～52ページの おさらいだゾ！

月　日

点《てん》

1

―の かん字の 読《よ》み方《かた》を 書《か》きましょう。

ことば ひとつ 6点《てん》

① 細長（　）い 形（　）の 台（　）。

② 寺（　）の 門（　）。

③ 汽車（　）を 見ながら 市内（　）を 歩（　）く。

2

□に かん字を 書《か》きましょう。

ことば ひとつ 6点《てん》

① □□《こうつう》りょうの 多《おお》い □《ひろ》い □《みち》。

② □《ふと》い □《せん》で □《まる》を かく。

3

つぎの かん字の 画数《かくすう》は いくつですか。○に 数字《すうじ》を 書《か》きましょう。

1もん 8点《てん》

① 角 ○

② 直 ○

漢字《かんじ》は、とめ、はね、はらいにも 気をつけて書《か》こうね。

きょうも よく がんばったぞ！ おわったら ぶりぶりシールを はろう

13

1 海・船・魚・池・谷

2 岩・頭・首・晴・雲

雨の日はおりがみだゾ!

ずっと雨…。
雲《くも》が あついや。
ザー
お庭《にわ》に 池《いけ》が できちゃいそう。
早く 晴《は》れないかなぁ。
こんな 日は おりがみでも いかが?
わぁ、そんなに たくさん!!
家《いえ》に おいとくと、ひまわりが ぐしゃぐしゃに しちゃうの。
ほーっ
ぐしゃ ぐしゃ
あはは。
オラ、お船《ふね》作《つく》りたい。
おりがみの 本もってる。
いいね。
おりがみ
だれか のりと ハサミ かして。
ひつよう ないから。
本の とおりに 山おり 谷《たに》おり して いけば できるよ。
できた♪
せっせ せっせ
海《うみ》の もの シリーズ!!
ボク 魚《さかな》。
カメ!
首《くび》長《なが》りゅう!!
あわ あわ
ぎーっ!
ぐしゃ ぐしゃ
ひまちゃんと かわらない じゃないかっ!!
もっと やわらかい 頭《あたま》で チャレンジして。
…できた!!
どっかの 海《うみ》に ありそーな 岩《いわ》!!
なんだ それ。
ムリヤリ すぎる…。

おしまい

13 1

海・船・魚・池・谷

海
おん カイ
くん うみ
はねる

船
おん セン
くん ふね ふな
はらう

魚
おん ギョ
くん うお さかな
とめる

池
おん チ
くん いけ
はねる はねる

谷
おん ―
くん たに
はらう

海 さんずい 9画《かく》
ことば 海水《かいすい》 地中海《ちちゅうかい》 海原《うなばら》（とくべつな読《よ》み方《かた》）

船 ふねへん 11画《かく》
ことば 船上《せんじょう》 小船《こぶね》

魚 うお 11画《かく》
ことば 魚貝《ぎょかい》 出世魚《しゅっせうお》 川魚《かわざかな》

池 さんずい 6画《かく》
ことば 電池《でんち》 ため池《いけ》

谷 たに 7画《かく》
ことば 谷《たに》おり 谷間《たにま》

① 海外《がい》（　　）

② 風《ふう》船（　　）

③ 小《こ》魚（　　）

④ 太陽光電《たいようこうでん》□ ち

⑤ □ たに 川《がわ》

きょうも よく がんばったぞ！ おわったら ぶりぶりシールを はろう

まずは　イメージトレーニングよ!!

月　日　曜日《ようび》

岩・頭・首・晴・雲

月 日 曜日《ようび》

岩

はらう

おん ガン
くん いわ

岩 やま

8画《かく》

ことば 岩石《がんせき》 岩場《いわば》

頭

とめる

おん トウ ズ
くん あたま

頭 おおがい

16画《かく》

ことば 頭角《とうかく》 頭上《ずじょう》 頭《あたま》ごなし

首

おん シュ
くん くび

首 くび

9画《かく》

ことば 首長《しゅちょう》 百人一首《ひゃくにんいっしゅ》 首《くび》かざり

晴

とめる はねる

おん セイ
くん は(れる) は(らす)

晴 ひへん

12画《かく》

ことば 晴天《せいてん》 晴《は》れ間《ま》 気晴《きば》らし

雲

とめる

おん ウン
くん くも

雲 あめかんむり

12画《かく》

ことば 星雲《せいうん》 雲行《くもゆ》き 雨雲《あまぐも》

---

① 岩山《やま》（　　　）

② 先《せん》頭（　　　）

③ 小《こ》首をかしげる（　　　）

④ □《は》れやか

⑤ □《くも》間《ま》

きょうも よく がんばったぞ!
おわったら ぶりぶりシールを はろう

人の 話《はなし》を ちゃんと 聞《き》けよ。

かん字パズル 7

同《おな》じ 読《よ》みの かん字、あつまれ～！

同《おな》じ 読《よ》みの かん字を ⬚ から さがして □に 書《か》こう。

れい

こう

公
交

① ズ

② ガン

③ セイ

④ セン

⑤ カイ

回 図 岩 公 海 線 顔

晴 会 船 交 声 頭 貝

いろいろな 読《よ》み方《かた》を する かん字に 気をつけて！

きょうも よく がんばったぞ！ おわったら ぶりぶりシールを はろう

14

1 強・弱・毎・曜・週

2 今・半・場・里・用

ばん
カレンダーの ×じるし、…何《なん》だと 思《おも》う?

母《かあ》ちゃんのお通《つう》じがあった 日だ。

おめっとー
こんなに出んわ!! あんたが バスに乗《の》れなかった日よ!!

今日《きょう》も乗《の》れなかったし…。せめて月の 半分《はんぶん》でも間《ま》に合《あ》ってほしいな。

んっ。

そんな 弱気《よわき》じゃダメダメ!! もっと強気《つよき》じゃないと!!半分《はんぶん》と 言《い》わず毎日《まいにち》 乗《の》ろうよ!!

とん
あんただよ!!

…どうしていつも バスにおくれちゃうと思《おも》う?

温暖化《おんだんか》のせいかな。

なわけあるかいっ!

バスが 来《き》てから用《よう》を 足さない!!週末《しゅうまつ》の お休みは月曜日《げつようび》のためにダラダラしない!!…とか、できそう?

もっと いいこと考《かんが》えた!!

ぴーん
バスをつかわなければいいんだよ!!

ママが ずっと自転車《じてんしゃ》で送《おく》りむかえしろってか…。

ノンノンノンッ。

こんな 人里《ひとざと》はなれた 場所《ばしょ》からは 引《ひ》っこして、ようち園《えん》の そばにすめば 歩《ある》いて行《い》けちゃうよね。

人里《ひとざと》はなれてないし 引《ひ》っこしもできませんっ!!

その夜《よる》
良《よ》い 方法《ほうほう》をみんなで とことん考《かんが》えましょ!!

うむっ。

たいっ
夜《よ》ふけまで 話《はな》し合《あ》い翌朝《よくあさ》は みんな 寝《ね》ぼうした。

おしまい

明日《あす》はようち園《えん》バスにのるゾ!

14 1

強・弱・毎・曜・週

強
おん キョウ
くん つよ(い)　つよ(まる)　つよ(める)

弱
おん ジャク
くん よわ(い)　よわ(る)　よわ(まる)　よわ(める)

毎
おん マイ
くん —

曜
おん ヨウ
くん —

週
おん シュウ
くん —

強　ゆみへん　11画《かく》
ことば　強力《きょうりょく》　心強《こころづよ》い

弱　ゆみへん　10画《かく》
ことば　強弱《きょうじゃく》　弱気《よわき》

毎　ははのかん　なかれ　6画《かく》
ことば　毎日《まいにち》　毎朝《まいあさ》　毎週《まいしゅう》

曜　ひへん　18画《かく》
ことば　曜日《ようび》　黒曜石《こくようせき》

週　しんにゅう　しんにょう　11画《かく》
ことば　一週間《いっしゅうかん》　先週《せんしゅう》　来週《らいしゅう》

① 強気《き》（　　）

② 弱虫《むし》（　　）

③ 毎月《つき》（　　）

④ 日《にち》 □（よう） 日《び》

⑤ □（しゅう） 休《きゅう》

月　日　曜日《ようび》

きょうも よく がんばったぞ！
おわったら ぶりぶりシールを はろう

夏《なつ》は エアコンの きいた 部屋《へや》で 集中《しゅうちゅう》して 勉強《べんきょう》!!

今・半・場・里・用

漢字	おん	くん	部首	画数	書き順
今	コン	いま	ひとがしら ひとやね	4画《かく》	ノ 人 亼 今
半	ハン	なか(ば)	じゅう	5画《かく》	丶 丷 䒑 兰 半
場	ジョウ	ば	つちへん	12画《かく》	一 十 土 … 場 場 場
里	リ	さと	さと	7画《かく》	丨 冂 日 日 甲 甲 里
用	ヨウ	もち(いる)	もちいる	5画《かく》	丿 冂 月 月 用

今: はらう
半: とめる
場: はねる
用: はねる

ことば（今）
今回《こんかい》
たった今《いま》
今日《きょう》
(とくべつな 読《よ》み方《かた》)

ことば（半）
半分《はんぶん》　前半《ぜんはん》
後半《こうはん》
道半《みちなか》ば

ことば（場）
出場《しゅつじょう》
広場《ひろば》
立場《たちば》

ことば（里）
海里《かいり》
里心《さとごころ》
里《さと》いも

ことば（用）
用心《ようじん》
用紙《ようし》
引用《いんよう》

① 今月《げつ》（　　）
② 半人前《にんまえ》（　　）
③ ライブ会《かい》場（　　）
④ 村《むら》 □ ざと
⑤ 活《かっ》 □ よう

月　日　曜日《ようび》

きょうも よく がんばったぞ!
おわったら ぶりぶりシールを はろう

おさらいテスト⑦

54〜60ページの おさらいだゾ！

月　日

点《てん》

1

ーの かん字の 読《よ》み方《かた》を 書《か》きましょう。

ことば ひとつ 8点《てん》

① 岩（　　）に 頭（　　）を ぶつけないよう 用心（　　）して すすむ。

② 強弱（　　）

③ 今日（　　）は 雲（　　）ひとつ ない 天気だ。

2

□に かん字を 書《か》きましょう。

ことば ひとつ 8点《てん》

① □□（まいしゅう） 土《ど》□（よう）日《び》に アニメを 見る。

② □（うみ）に 出て □（ふね）で □（さかな）を とる。

3

太《ふと》い 線《せん》は 何番目《なんばんめ》に 書《か》きますか。

○に 数字《すうじ》を 書《か》きましょう。

1もん 6点《てん》

① 池 ○

② 里 ○

漢字《かんじ》はくり返《かえ》し書《か》いて 覚《おぼ》えるといいわよ。

きょうも よく がんばったぞ！

おわったら ぶりぶりシールを はろう

15

1 弓・矢・刀・切・馬

2 鳴・引・止・羽・毛

父《とう》ちゃんと にんじゃごっこ だゾ!

刀《かたな》も いいけど 弓矢《ゆみや》で 敵《てき》を やっつけるのも かっこいいよね。
ヒュン
とすっ
少年忍者 吹雪丸
まんがの 話《はなし》ね。
キィイン
せっしゃは 刀《かたな》で 切《き》り合《あ》う ほうが 好《この》みで ござるな。
いつか 会社《かいしゃ》に クビ 切られなきゃ いいけど…。
ぼそ
何《なん》か 言《い》った?
父《とう》ちゃん 馬《うま》やって。
ちぇっ、馬役《うまやく》かよ。
ほらよ
ヒヒ〜ン!
おおっ。
よき 鳴《な》き声《ごえ》じゃ ひろし丸《まる》!
さすが 毎日《まいにち》 馬車馬《ばしゃうま》の よーに 働《はたら》かされてる だけは ある。
ぼそ
何《なん》か 言《い》ったかっ つーの!!
だーす!
敵《てき》じゃ、止《と》まれい!! …弓《ゆみ》おせーて。
ぐいっ
どどどどっ
あだだっ、髪《かみ》の 毛《け》 引《ひ》っぱるな!!
矢羽《やばね》を つまんで こう…。
ポッ
赤く なるな。
的《まと》いがいは うつなよ
女性社員《じょせいしゃいん》にも 手とり 足とり しちゃってたり…。
ね。
じー
ぼそ
いっしょけんめ 遊《あそ》んでるのに、この 言《い》われよう…。
ひひ〜ん

おしまい

弓・矢・刀・切・馬

月　日　曜日《ようび》

弓
はねる

おん —
くん ゆみ

弓 ゆみ
3画《かく》
㇆ ㇆ 弓

ことば
石弓《いしゆみ》
弓矢《ゆみや》
弓形《ゆみがた》

矢
はらう

おん —
くん や

矢 や
5画《かく》
ノ 𠂉 𠂉 チ 矢

ことば
矢羽《やばね》
矢《や》じり

刀
はねる

おん トウ
くん かたな

刀 かたな
2画《かく》
㇆ 刀

ことば
手刀《しゅとう》
小刀《こがたな》
竹刀《しない》
(とくべつな読《よ》み方《かた》)

切
はねる

おん セツ
くん き(る)　き(れる)

切 かたな
4画《かく》
一 七 切 切

ことば
親切《しんせつ》　大切《たいせつ》
売《う》り切《き》れ
切手《きって》

馬
はねる

おん バ
くん うま　ま

馬 うま
10画《かく》
丨 厂 𠂆 𠂆 𠂆 馬 馬 馬 馬 馬

ことば
馬車《ばしゃ》
竹馬《たけうま》
あばれ馬《うま》

① 弓を引《ひ》く　（　　）

② 矢車《ぐるま》　（　　）

③ 日本《にほん》刀　（　　）

④ はり□《き》る

⑤ □《ば》力《りき》

きょうも よく がんばったぞ!
おわったら ぶりぶり シールを はろう

さぁ、今日《きょう》も ハリきって お仕事《しごと》 お仕事《しごと》!!

鳴・引・止・羽・毛

月　日　曜日《ようび》

鳴

おん メイ
くん な(く) な(る) な(らす)

はねる

鳴 とり
14画《かく》

ことば
悲鳴《ひめい》
鳴《な》き声《ごえ》
海鳴《うみな》り

引

おん イン
くん ひ(く) ひ(ける)

はねる

引 ゆみへん
4画《かく》

㇆ コ 弓 引

ことば
引用《いんよう》
引《ひ》き出《だ》し
引《ひ》き算《ざん》

止

おん シ
くん と(まる) と(める)

とめる

止 とめる
4画《かく》

丨 ト 卜 止

ことば
中止《ちゅうし》
禁止《きんし》
立《た》ち止《ど》まる

羽

おん ―
くん は はね

はねる はねる

羽 はね
6画《かく》

𠃌 习 习 羽 羽 羽

ことば
羽毛《うもう》
白羽《しらは》
毛羽立《けばだ》つ

毛

おん モウ
くん け

はらう

毛 け
4画《かく》

ノ 二 三 毛

ことば
毛頭《もうとう》
毛虫《けむし》
まゆ毛《げ》

---

①　高《たか》鳴る（　　）

②　引力《りょく》（　　）

③　足《あし》止め（　　）

④　□は　ばたく

⑤　三《み》□け　ねこ

きょうも よく がんばったぞ！
おわったら ぶりぶりシールを はろう

おじょうさま、どう　なさいました？

かん字パズル 8

たて・よこに じゅく語《ご》を 作《つく》ろう！

→や ↓の 方《ほう》こうに 読《よ》むと じゅく語《ご》に なるように □に かん字を 書《か》こう。

れい

↓ こう つう：交 通
→ つう こう：通 行

①

↓ きゅう し：□ 止
→ ちゅう し：□ 止

②

→ う もう：□ 毛
↓ け いと：毛 □

③

↓ きっ て：□ 手
→ て がみ：手 □

④

↓ どく しょ：□ 書
→ と しょ：□ 書

⑤

→ きょう ふう：強 □
↓ きょう じゃく：強 □

読《よ》み方《かた》に 合《あ》う かん字を 考《かんが》えるのよ。

きょうも よく がんばったぞ！
おわったら ぶりぶりシールを はろう

16

① 鳥・肉・牛・米・麦

② 食・売・買・家・店

おいしい牛《ぎゅう》肉《にく》おためしくださぁい♡
牛《うし》は高《たか》いから鳥《とり》のムネ肉《にく》でがまんがまん。
牛肉《ぎゅうにく》よりもキミの笑顔《えがお》がジャストミート。
お肉《にく》だけにね。
キッ!
夕飯《ゆうはん》はもう決《き》めてあるんでー。
パチン
家《いえ》の焼肉《やきにく》がまるで高級店《こうきゅうてん》のお味《あじ》に☆
はっ?
すっ
プリティ赤ちゃんにはまだ早いかな?
たいたいっ。
ひ、ひまわりっ。
け
お姉《ねえ》さんもいかが?
お、おおおおねっ…
お二人もどうぞぉ♡
ぜひ!!
高校生《こうこうせい》かい? たくさん食《た》べてね☆
心《こころ》わしづかみ状態《じょうたい》
食《た》べっぷりのいい男性《だんせい》ってス・テ・キ…♡
くねっ
高校《こうこう》のお弁当《べんとう》にはこの「新発売《しんはつばい》のタレ」で味《あじ》つけしたお肉《にく》を入れちゃおう☆
「麦《むぎ》ごはんの素《もと》」もどうかナ…。お米《こめ》とまぁぜまぜしてほ・し・い♡
ぜんぶ買《か》う〜!!
…やっちまったな、オレたち。
あの売《う》り場《ば》また行《い》こーねっ!
あの二人がいないときにね…。
ね

おしまい

おいしいお肉《にく》のゆうわくだゾ!

16 1

鳥・肉・牛・米・麦

月　日　曜日《ようび》

漢字	おん	くん
鳥	チョウ	とり
肉	ニク	—
牛	ギュウ	うし
米	ベイ　マイ	こめ
麦	—	むぎ

鳥（はねる）　肉（はねる）　牛（はらう）　米（はらう）　麦（はらう）

鳥 とり　11画《かく》
丿 亻 户 户 户 白 鳥 鳥 鳥 鳥 鳥
ことば：野鳥《やちょう》　やき鳥《とり》

肉 にく　6画《かく》
丨 冂 内 内 肉 肉
ことば：肉親《にくしん》　牛肉《ぎゅうにく》　肉声《にくせい》

牛 うし　4画《かく》
ノ 𠂉 𠂒 牛
ことば：和牛《わぎゅう》　海牛《うみうし》　牛耳《ぎゅうじ》る

米 こめ　6画《かく》
丶 丷 䒑 半 米 米
ことば：米国《べいこく》　白米《はくまい》

麦 むぎ　7画《かく》
一 十 キ 主 丰 麦 麦
ことば：麦茶《むぎちゃ》　麦《むぎ》わら

① 小《こ》鳥（　　）
② 魚《ぎょ》肉（　　）
③ 牛にゅう（　　）
④ □《こめ》だわら
⑤ 小《こ》□《むぎ》

きょうも よく がんばったぞ!
おわったら ぶりぶりシールを はろう

とにかく 食《く》お。くよくよしても しょうがない。

食・売・買・家・店

食
おん：ショク
くん：く(う)　た(べる)
食 しょく　9画《かく》
ノ 人 𠆢 今 今 今 食 食 食
ことば：食生活《しょくせいかつ》　食通《しょくつう》　食《く》い止《と》める

売
おん：バイ
くん：う(る)　う(れる)
売 さむらい　7画《かく》
一 十 士 韦 声 声 売
ことば：直売《ちょくばい》　売《う》り場《ば》

買
おん：バイ
くん：か(う)
買 かい　12画《かく》
丶 冂 罒 罒 罒 罒 罒 買 買 買 買 買
ことば：売買《ばいばい》　買《か》い上《あ》げる

家
おん：カ　ケ
くん：いえ　や
家 うかんむり　10画《かく》
丶 丷 宀 宀 宁 宇 家 家 家 家
ことば：家計《かけい》　出家《しゅっけ》　空《あ》き家《や》　音楽家《おんがくか》

店
おん：テン
くん：みせ
店 まだれ　8画《かく》
丶 亠 广 广 庐 庐 店 店
ことば：店頭《てんとう》　書店《しょてん》　夜店《よみせ》

はらう　はらう　とめる　はねる　おる

① 朝《ちょう》食（　　）

② 売れっ子《こ》（　　）

③ 買い出し（　　）

④ 作《さっ》□《か》

⑤ □《みせ》先《さき》

月　日　曜日《ようび》

きょうも よく がんばったぞ!
おわったら ぷりぷりシールを はろう

たのんだよ!!　ボクらも　ガンバるから。

おさらいテスト⑧

62〜68ページの　おさらいだゾ！

月　日

点《てん》

1

―の　かん字の　読《よ》み方《かた》を　書《か》きましょう。

ことば　ひとつ　6点《てん》

① 刀で　切る。
（　　）（　　）

② 羽毛の　ふとんで　ねる。
（　　）

③ 小麦を　売買する。
（　　）（　　）

④ 鳥の　鳴き声《ごえ》
（　　）（　　）

2

□に　かん字を　書《か》きましょう。

ことば　ひとつ　8点《てん》

① □《ぎゅう》□《にく》と　□《こめ》を　□《か》う。

② □《うま》の　上で　□《ゆみ》□《や》を　かまえる。

3

つぎの　かん字は　まちがって　います。□に　正しい　かん字を　書《か》きましょう。

1もん　9点《てん》

① 食……□

② 家……□

覚《おぼ》えた漢字《かんじ》でいろいろな文章《ぶんしょう》を書《か》いてみよう。

きょうも　よく　がんばったぞ！　おわったら　ぶりぶりシールを　はろう

2年 かくにんテスト①

月　日

点《てん》

1 ―の かん字の 読《よ》み方《かた》を 書《か》きましょう。 1もん 5点《てん》

① 明朝（　　）
② 台風（　　）
③ 町《まち》外れ（　　）
④ 名声（　　）
⑤ 原色（　　）
⑥ 絵画（　　）
⑦ 遠近（　　）
⑧ 昼夜（　　）
⑨ 元気（　　）
⑩ 父母会《かい》（　　）

2 □に かん字を 書《か》きましょう。 1もん 5点《てん》

① □《きた》□《ぐに》
② □《ち》□《ず》
③ □《はる》□《かぜ》
④ □《ゆき》
⑤ □《きょう》□《しつ》
⑥ □《うた》
⑦ □《たの》しい
⑧ □《けい》□《かく》
⑨ □《や》□《かん》
⑩ □《はし》る

きょうも よく がんばったぞ!
おわったら ぶりぶりシールを はろう

2年 かくにんテスト②

月　　日

点《てん》

1

―の かん字の 読《よ》み方《かた》を 書《か》きましょう。

1もん 5点《てん》

① 兄弟（　　　）

② 姉上（　　　）

③ 親友（　　　）

④ 方言（　　　）

⑤ 新聞紙（　　　）

⑥ 図書（　　　）

⑦ 直角（　　　）

⑧ 台風（　　　）

⑨ 交通（　　　）

⑩ 歩道（　　　）

2

□に かん字を 書《か》きましょう。

1もん 5点《てん》

① □（こころ）

② □（おも）う

③ □（し）る

④ □□（しゃ かい）

⑤ □□（でん わ）

⑥ □□（じゃく てん）

⑦ □□（こう ちょう）

⑧ □□（さい く）

⑨ お□（てら）

⑩ □（き）車《しゃ》

きょうも よく がんばったぞ!
おわったら ぶりぶりシールを はろう

かくにんテスト③

月　日

点《てん》

1

——の かん字の 読《よ》み方《かた》を 書《か》きましょう。

1もん 5点《てん》

① 海外（　　）

② 頭上（　　）

③ 強力（　　）

④ 今週（　　）

⑤ 切手（　　）

⑥ 羽毛（　　）

⑦ 野鳥（　　）

⑧ 麦茶（　　）

⑨ 店頭（　　）

⑩ 直売（　　）

2

□に かん字を 書《か》きましょう。

1もん 5点《てん》

① □《ふね》

② □《さかな》

③ □《いわ》

④ 月《げつ》□《よう》日《び》

⑤ □《ゆみ》□《や》

⑥ □《ば》力《りき》

⑦ 鳥《とり》の □《な》き声《ごえ》

⑧ □《ぎゅう》□《にく》

⑨ □《ちょう》□《しょく》

⑩ 作《さっ》□《か》

きょうも よく がんばったぞ!
おわったら ぶりぶりシールを はろう

2年 かくにんテスト④

月　日

点《てん》

1

―の ことばを かん字と おくりがなで 書《か》きましょう。 1もん 8点《てん》

① 星《ほし》が ひかる。

② ごはんが すくない。

③ 車りんが はずれる。

④ 宝《たから》くじに あたる。

⑤ しあいを おこなう。

⑥ しつもんに こたえる。

⑦ あたらしい 本。

⑧ 気分《きぶん》が はれる。

2

―の かん字の 読《よ》み方《かた》を 書《か》きましょう。 1もん 6点《てん》

① 明日（　）

② 母さん（　）

③ 父さん（　）

④ 今朝（　）

⑤ 時計（　）

⑥ 川原（　）

きょうも よく がんばったぞ!
おわったら ぶりぶりシールを はろう

かくにんテスト⑤

月　日

点《てん》

1 ―のかん字の読《よ》み方《かた》を書《か》きましょう。

ことば ひとつ 6点《てん》

①
- 空が明るい。（　）
- はっきりと明言《げん》する。（　）
- 明朝《ちょう》会《あ》いましょう。（　）

②
- 古《こ》風な話《はな》し方《かた》。（　）
- 風むきがかわる。（　）
- 風が強《つよ》くふく。（　）

③
- 手紙《てがみ》で通知《ち》が来《き》た。（　）
- 心《こころ》を通わせる。（　）
- 車がたくさん通る。（　）

④
- 細かいすな。（　）
- 線《せん》が細い。（　）
- 細工《く》をする。（　）

2 同《おな》じ読《よ》み方《かた》をするかん字を[　]から えらんで□に書《か》きましょう。

1もん 7点《てん》

① キョウ □□

② コウ □□

③ ブン □□

④ キ □□

聞	京	帰	広
分	汽	工	教

きょうも よく がんばったぞ! おわったら ぶりぶりシールを はろう

2年 かくにんテスト⑥

月　日

点《てん》

1

ついや はんたいの いみの かん字を □に 書《か》きましょう。

1もん 8点《てん》

① □《あたら》しい ― □《ふる》い

② □《あに》 ― □《おとうと》

③ □《ちか》い ― □《とお》い

④ □《あね》 ― □《いもうと》

⑤ □《う》る ― □《か》う

⑥ □《つよ》い ― □《よわ》い

⑦ □《ふと》い ― □《ほそ》い

⑧ □《ちち》 ― □《はは》

2

なかまの ことばを かん字で 書《か》きましょう。

ことば ひとつ 6点《てん》

① □《り》□《か》　□《こく》□《ご》　□《おん》□《がく》　□《さん》□《すう》

② □《こう》□《えん》　□《ひろ》□《ば》

きょうも よく がんばったぞ!
おわったら ぶりぶり シールを はろう

漢《かん》検《けん》チャレンジ①

月　日

点《てん》

1 ――の かん字の 読《よ》み方《かた》を 書《か》きましょう。

ことば ひとつ 4点《てん》

① 学校の お楽しみ会で、友だちと 歌を ひろうした。

② 太い 毛糸で あんだ 黄色い マフラー。

③ 晴れた 午後には 池の 水面《すいめん》に 雲が うつる。

④ 母が 野さいを 細かく 切って スープを 作《つく》る。

2 太《ふと》い 線《せん》は 何番目《なんばんめ》に 書《か》きますか。○に 数字《すうじ》を 書《か》きましょう。

1もん 6点《てん》

① 用

② 冬

③ 考

④ 雪

⑤ 南

⑥ 新

きょうも よく がんばったぞ!
おわったら ぶりぶりシールを はろう

漢《かん》検《けん》チャレンジ②

月　日

点《てん》

1

□に かん字を 書《か》きましょう。

ことば ひとつ 7点《てん》

① □《まい》日《にち》、夕《ゆう》□《しょく》の □《あと》に
□《けい》□《さん》ドリルに とり□《く》む。

② □《ひる》に □《いもうと》と □《ちか》くの
□《の》□《はら》を □《ある》いた。

2

○の ところは はねるか、とめるか、
□に 正しい かん字を 書《か》きましょう。

1もん 6点《てん》

① 引 □

② 作 □

③ 同 □

④ 内 □

⑤ 外 □

きょうも よく がんばったぞ!
おわったら ぶりぶりシールを はろう

漢検《かんけん》チャレンジ③

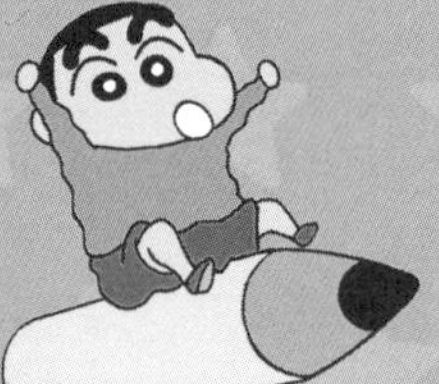

月　日

点《てん》

1

―の かん字の 読《よ》み方《かた》を 書《か》きましょう。

ことば ひとつ 8点《てん》

①
きゅう食（　　）の 時間《じかん》に なる。
パンを 食（　　）べる。

②
新（　　）かん線《せん》に のる。
新（　　）しい ノートに 書《か》く。

③
校長（　　）先生と 話《はな》す。
長（　　）い 糸《いと》を 切《き》る。

④
音楽（　　）が 聞《き》こえる。
えい画《が》を 楽（　　）しむ。

2

同《おな》じ なかまの かん字を □に 書《か》きましょう。

ことば ひとつ 6点《てん》

① 糸 …… □《かい》画《が》・新聞《しんぶん》□《し》

② 口 …… □《こく》語《ご》・□《と》書室《しょしつ》

③ 亠 …… □《こう》さ点《てん》・東《とう》□《きょう》

きょうも よく がんばったぞ！ おわったら ぶりぶりシールを はろう

漢《かん》検《けん》チャレンジ④

月　日

点《てん》

1

□に ひらがなを 書《か》いて ことばの 読《よ》みを かんせいさせましょう。

1もん 10点《てん》

① 早朝……□う□よう

② 夜空……□ぞら

③ 読書……□く□ょ

④ 今年……□と□

⑤ 親切……□ん□つ

⑥ 昼間……□る□

2

‖の ひらがなを かん字で 書《か》いた ときに 正しい 方《ほう》に ○を つけましょう。

1もん 8点《てん》

① なん点　1 同点　2 何点

② 図こう　1 図工　2 図土

③ け糸　1 毛糸　2 手糸

④ ご前　1 午前　2 牛前

⑤ すくない　1 小ない　2 少ない

きょうも よく がんばったぞ! おわったら ぶりぶりシールを はろう

漢《かん》検《けん》チャレンジ⑤

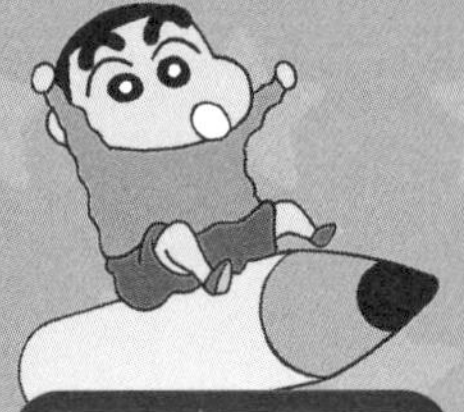

月	日
	点《てん》

1 ―の かん字の 読《よ》み方《かた》を 書《か》きましょう。

ことば ひとつ 5点《てん》

① 先生は 鳴（　）き 声（　）を 聞（　）いた だけで、その 鳥（　）の 名前《なまえ》を 教（　）えて くれた。

② 夏（　）休みに 海（　）に 行（　）って 船（　）に のせて もらった。

③ 遠足（　）で 高（　）い 山に のぼった ことを 日記（　）に 書《か》いた。

2 □に かん字を 書《か》きましょう。

1もん 8点《てん》

① 月《つき》 …… □ ほし

② 売《う》る …… □ か う

③ 春《はる》 …… □ あき

④ 弟《おとうと》 …… □ いもうと

⑤ 帰《かえ》る …… □ い く

きょうも よく がんばったぞ!
おわったら ぶりぶりシールを はろう

漢《かん》検《けん》チャレンジ⑥

1 □に かん字《じ》を 書《か》きましょう。 ことば ひとつ 7点《てん》

① 白い □《とり》が □《はね》を □《ひろ》げて いる ところを □《え》に かいた。

② □《さん》□《すう》の □《じ》□《かん》に □《こた》えを □《きょう》□《しつ》の □《こく》ばんに □《か》いた。

2 太《ふと》い 線《せん》は 何番目《なんばんめ》に 書《か》きますか。 ○に 数字《すうじ》を 書《か》きましょう。 1もん 5点《てん》

① 米 ○

② 京 ○

③ 弟 ○

④ 直 ○

⑤ 形 ○

⑥ 毎 ○

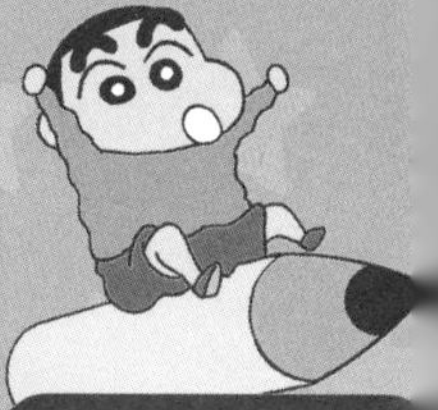

月 日

点《てん》

きょうも よく がんばったぞ!
おわったら ぶりぶりシールを はろう

答《こた》え合《あ》わせだゾ！

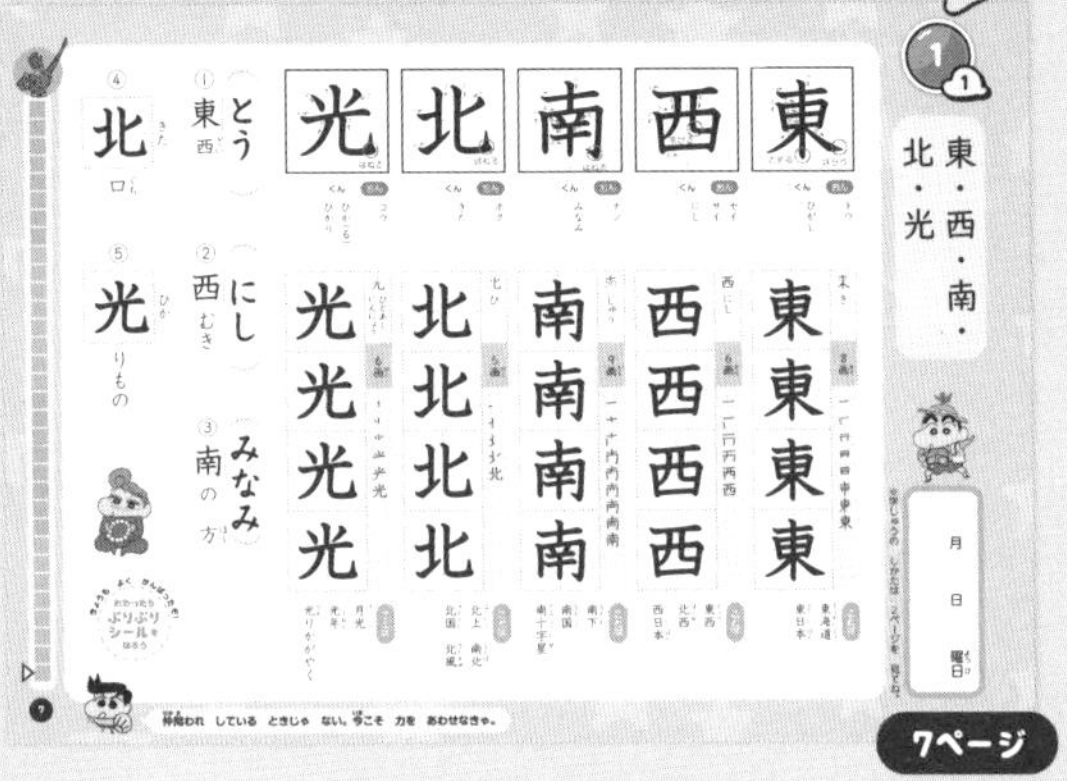

東・西・南・北・光
東 西 南 北 光

7ページ

星・明・地・方・同
星 明 地 方 同

8ページ

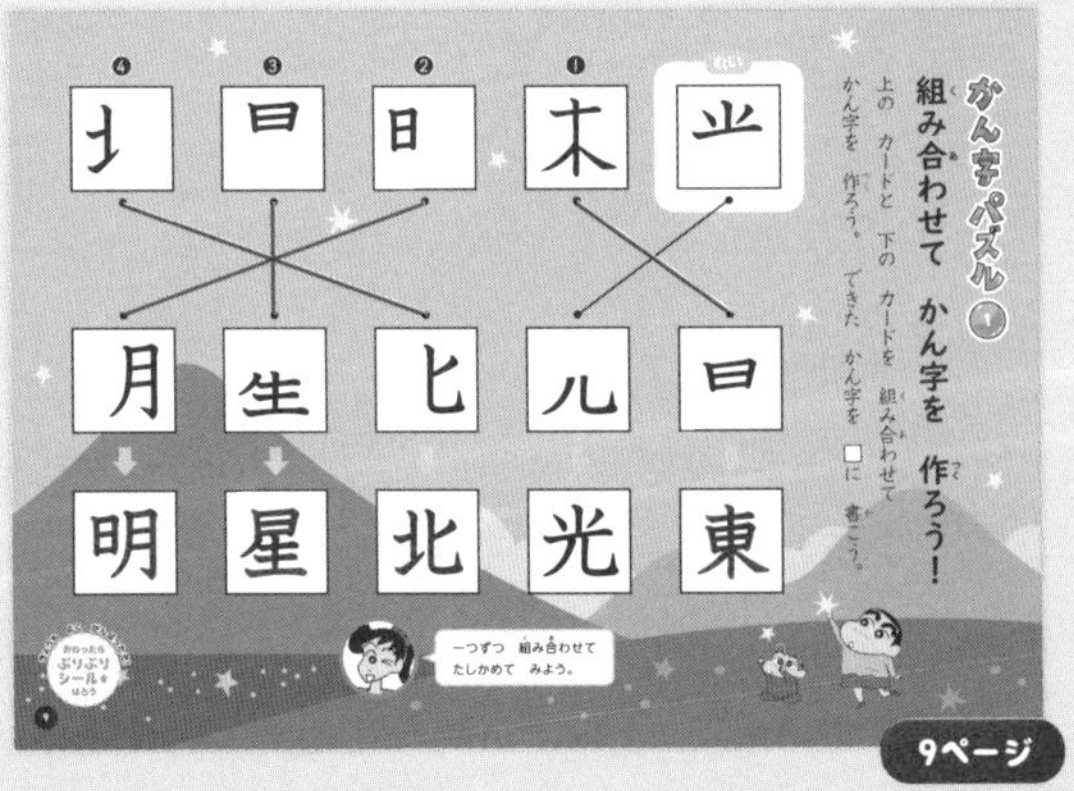

かん字パズル①
組み合わせて かん字を 作ろう！
明 星 北 光 東

9ページ

春・夏・秋・冬・風
春 夏 秋 冬 風

11ページ

雪・多・少・高・古
雪 多 少 高 古

12ページ

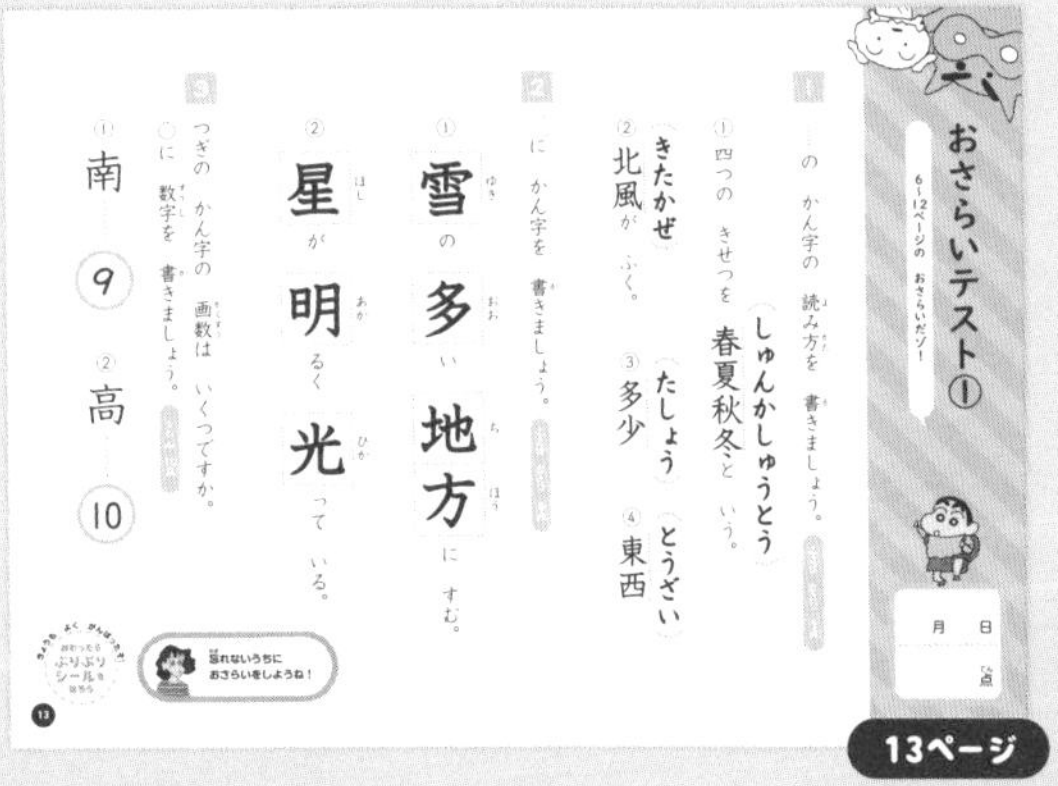

おさらいテスト①
しゅんかしゅうとう
きたかぜ
たしょう
とうざい
雪 多 地方
星 明 光
南 9
高 10

13ページ

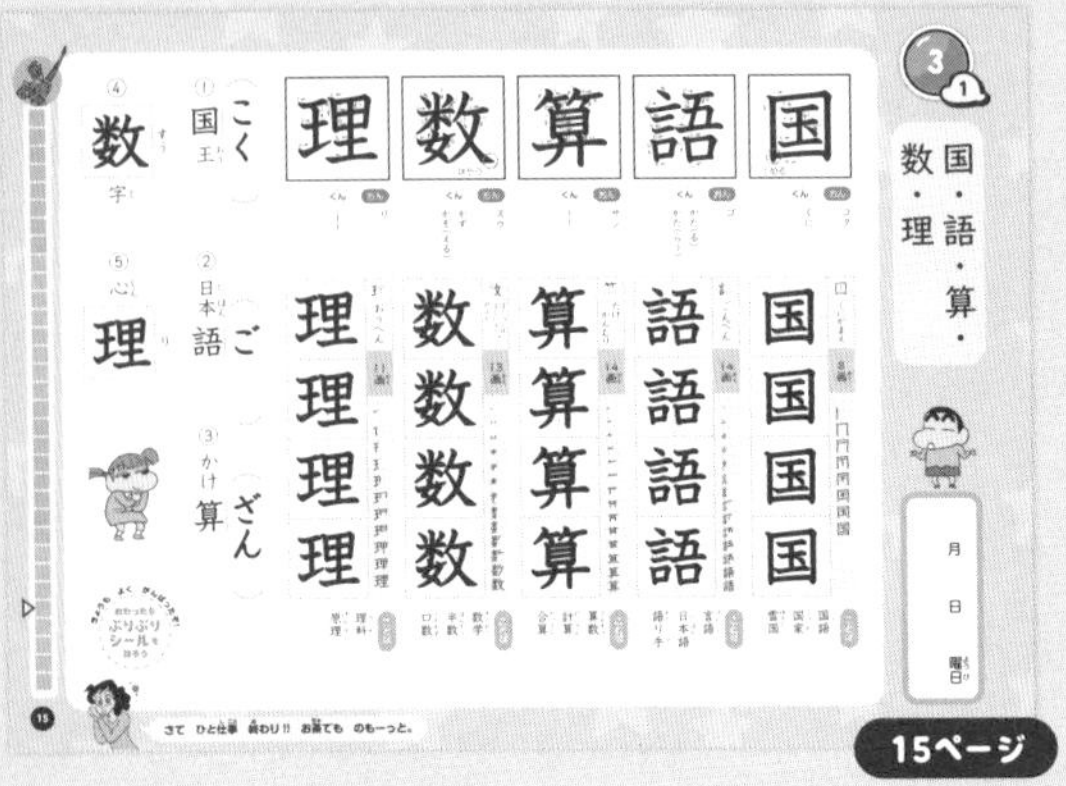

国・語・算・数・理
国 語 算 数 理

15ページ

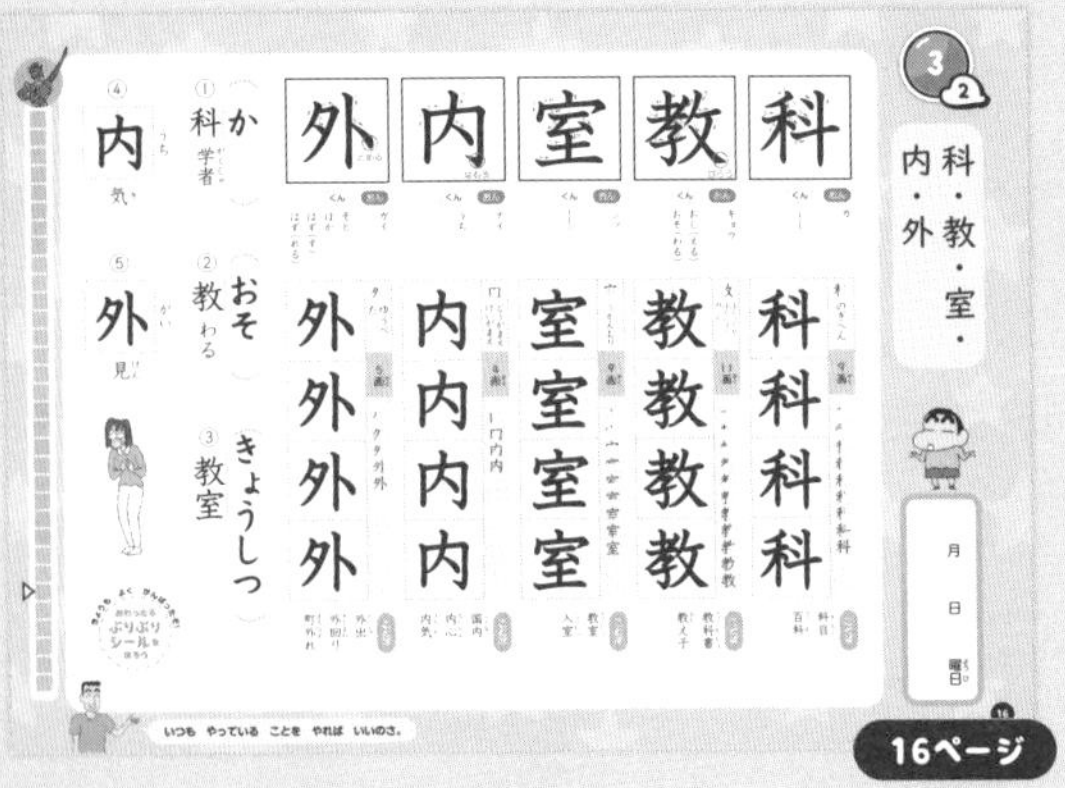

科・教・室・内・外
科 教 室 内 外

16ページ

かん字パズル②
形の ちがいに 気を つけろ！
犬 室 目 教 同

17ページ

19ページ

④1

楽・体・歌・声・前

楽　体　歌　声　前

楽楽楽楽　体体体体　歌歌歌歌　声声声声　前前前前

① （たの）楽しみ　② （たい）体力　③ （か）歌手

④ 歌《うた》声《こえ》　⑤ 名 前《まえ》

月　日　曜日

しんちゃん、勉強の あとて リアルおままごと しよう。

20ページ

④2

後・午・時・計・万

後　午　時　計　万

後後後後　午午午午　時時時時　計計計計　万万万万

① （うし）後ろすがた　② （ごご）午後　③ （じ）三時

④ 計 算　⑤ 一万 円

月　日　曜日

遠足に 持って いく おやつは 300円までと します。

21ページ

おさらいテスト②

14〜20ページの おさらいだゾ！

1 ――の かん字の 読《よ》み方《かた》を 書《か》きましょう。

① （きょうしつ）教室から （うたごえ）歌声が 聞《き》こえる。　② （とけい）時計

③ （さんすう）算数よりも （おんがく）音楽の じゅぎょうが すき。

2 □に かん字を 書きましょう。

① 国《こく》語《ご》と 理《り》科《か》を 学《まな》ぶ。

② 午《ご》後《ご》から 外《がい》出《しゅつ》しよう。

3 太《ふと》い 線《せん》は 何番目《なんばんめ》に 書きますか。○に 数字《すうじ》を 書きましょう。

① 体　（7）　② 万　（3）

形の似ている 漢字に注意しようね。

月　日　点

23ページ

⑤1

茶・黒・黄・色・絵

茶　黒　黄　色　絵

茶茶茶茶　黒黒黒黒　黄黄黄黄　色色色色　絵絵絵絵

① （ちゃ）麦茶　② （くろ）黒ねこ　③ （おう）黄金

④ 十人十 色《いろ》　⑤ 絵《え》 本

月　日　曜日

キャンキャンキャン。

24ページ

⑤2

画・工・作・遠・近

画　工　作　遠　近

画画画画　工工工工　作作作作　遠遠遠遠　近近近近

① （が）絵画　② （こう）木工　③ （さく）作文

④ 遠 足　⑤ 近 道

月　日　曜日

たいたいっ。

25ページ

かん字パズル③

なかま外《はず》れの かん字を さがそう！

かん字を グループに 分《わ》けたら、なかま外《はず》れの かん字や ことばが まざっちゃった。さがして ×を つけよう！

27ページ

⑥1

朝・昼・夜・間・回

朝　昼　夜　間　回

朝朝朝朝　昼昼昼昼　夜夜夜夜　間間間間　回回回回

① （あさ）朝ごはん　② （ひるま）昼間　③ （よ）夜明《あ》け

④ この 間《あいだ》　⑤ 回《まわ》れ右

月　日　曜日

しん様、今度の 日曜日 おひまかしら？

28ページ

⑥2

当・番・組・元・戸

当　番　組　元　戸

当当当当　番番番番　組組組組　元元元元　戸戸戸戸

① （あ）当たり　② （ばん）出番　③ （く）組み合わせ

④ 元 通り　⑤ 戸 じまり

月　日　曜日

なんだか 元気が 出て きた。

29ページ

おさらいテスト③

22〜28ページの おさらいだゾ！

1 ――の かん字の 読《よ》み方《かた》を 書《か》きましょう。

① （ちゃめ）お茶目な ひまわり。　② （と）戸じまりの （とうばん）当番

③ （えんきん）遠近ほうで えがかれた （かいが）絵画。

2 □に かん字を 書きましょう。

① 黄《き》色《いろ》の 絵《え》のぐで ぬる。

② 朝《あさ》昼《ひる》夜《よる》の 見《み》回《まわ》りを する。

3 おくりがなが 正しい 方《ほう》に ○を つけましょう。

① （○）作る　（　）作くる

② （○）近い　（　）近かい

送りがなも しっかり覚えてね！

月　日　点

答《こた》え合《あ》わせだゾ!

7-1 父・母・行・帰・公
父　母　行　帰　公
① 父上《ちちうえ》（ちち）
② 母の日（はは）
③ 日ごろの 行い（おこな）
④ 帰りの会
⑤ 公園
しっかり 勉強して、早く 親孝行しな!!
31ページ

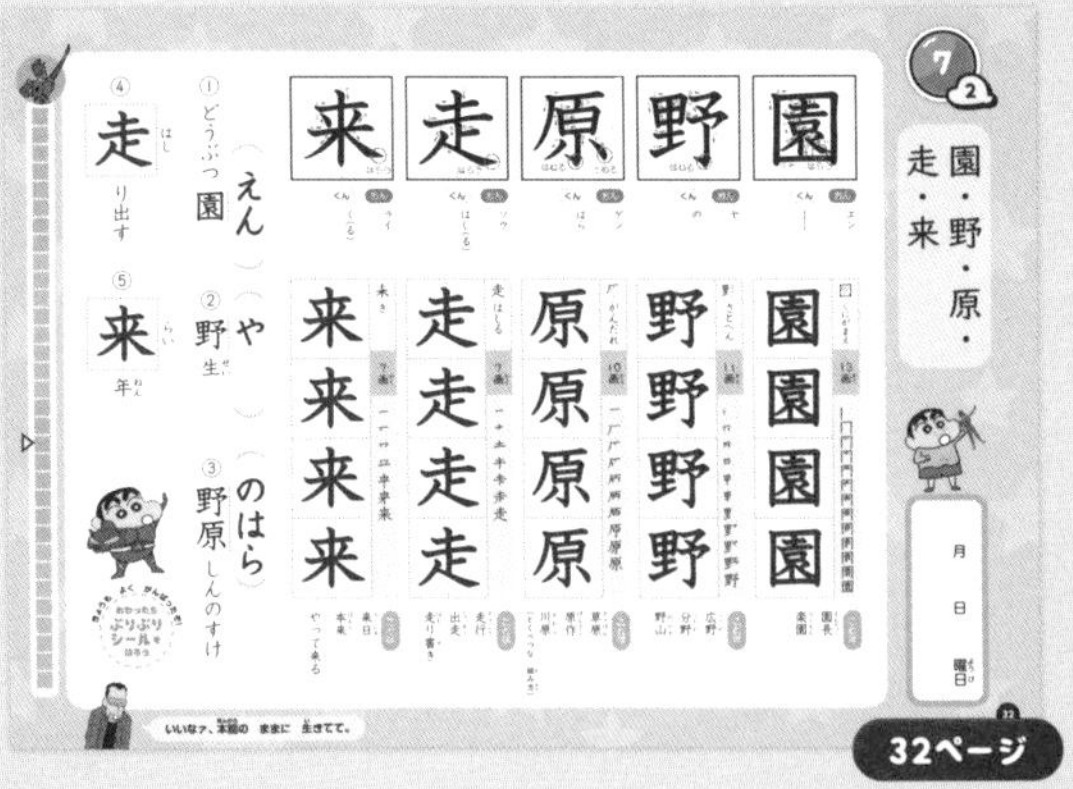
7-2 園・野・原・走・来
園　野　原　走　来
① どうぶつ園（えん）
② 野生（や）
③ 野原しんのすけ（のはら）
④ 走り出す
⑤ 来年
いいなァ、本能の ままに 生きてて。
32ページ

かん字パズル④
まちがいの かん字を さがせ!
しんちゃんあてに 友だちから 手紙が とどいたよ。でも、まちがいの かん字も ある みたい。まちがいを さがして 正しく 書き直そう。
れい 野原しんのすけくん、こんにちは。（原）
お父さん、お母さん、（母）
ひまわりちゃんは 元気かな?
休みは どこかに 出かけたのかな?（休）
ぼくは、国に 行って、（国）
まっ黒に 日やけして、帰って きたよ。（黒）
また いっしょに、公園で あそぼうね。（公）
点や 線の ヌケに ちゅういしな!
33ページ

8-1 兄・弟・姉・妹・親
兄　弟　姉　妹　親
① 兄（あに）
② 兄弟（きょうだい）
③ 姉（あね）
④ 妹
⑤ 親子
ネネは リアリティーの ある おままごとが したいの。
35ページ

8-2 友・顔・答・才・合
友　顔　答　才　合
① 親友（ゆう）
② 朝顔（がお）
③ 口答（とう）
④ 天才
⑤ 答え合わせ
36ページ

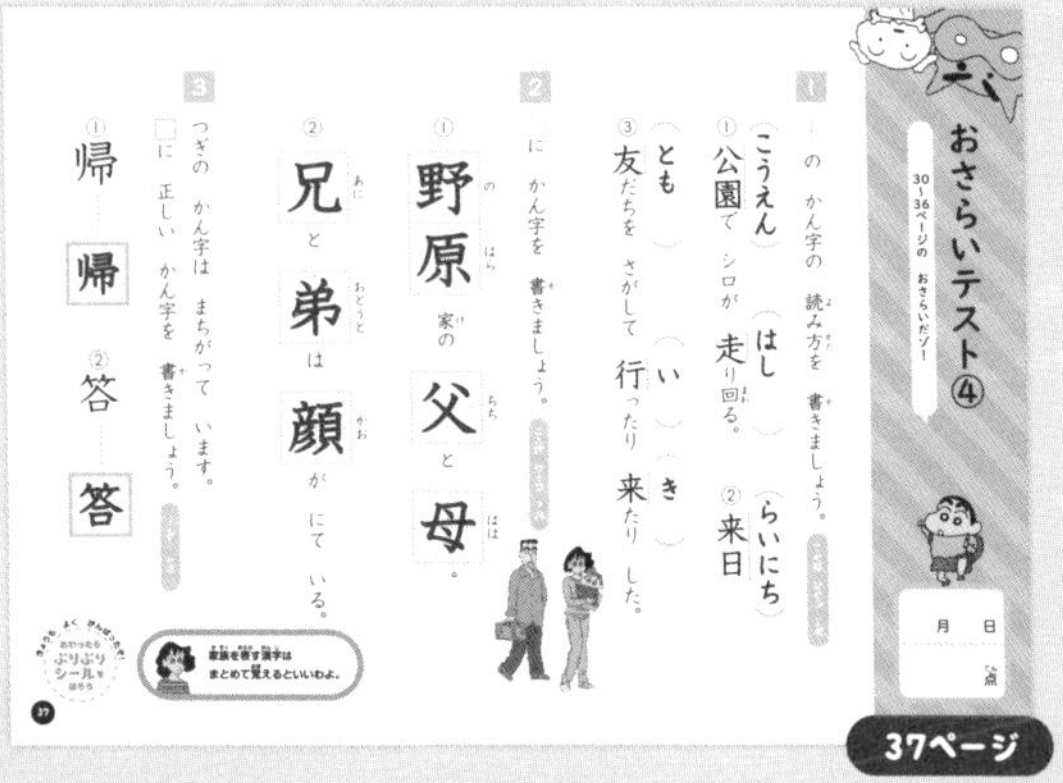
おさらいテスト④
30〜36ページの おさらいだゾ!
1 ―の かん字の 読み方を 書きましょう。
① 公園《こうえん》で シロが 走《はし》り回る。
② 来日《らいにち》
③ 友《とも》だちを さがして 行《い》ったり 来《き》たり した。
2 □に かん字を 書きましょう。
① 野原《のはら》家の 父《ちち》と 母《はは》。
② 兄《あに》と 弟《おとうと》は 顔《かお》が にて いる。
3 つぎの かん字は まちがって います。□に 正しい かん字を 書きましょう。
① 帰 → 帰
② 答 → 答
家族を表す漢字は まとめて覚えるといいわよ。
37ページ

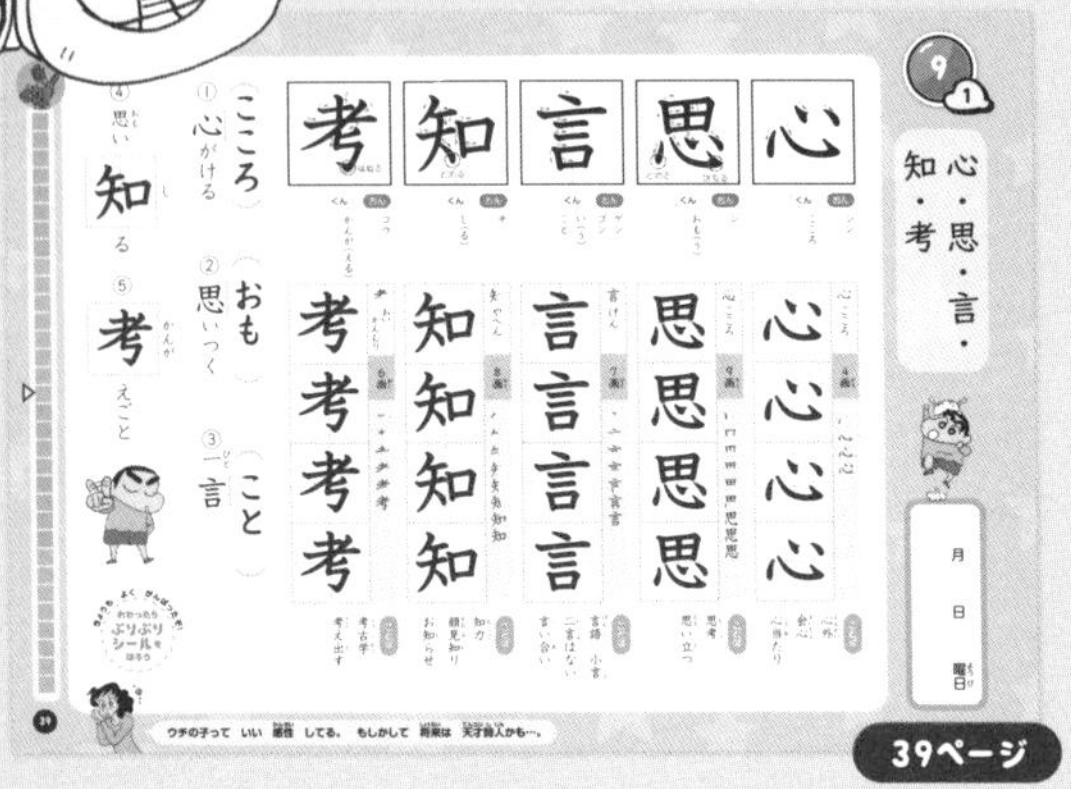
9-1 心・思・言・知・考
心　思　言　知　考
① 心がける（こころ）
② 思いつく（おも）
③ 一言（こと）
④ 知る
⑤ 考えごと
39ページ

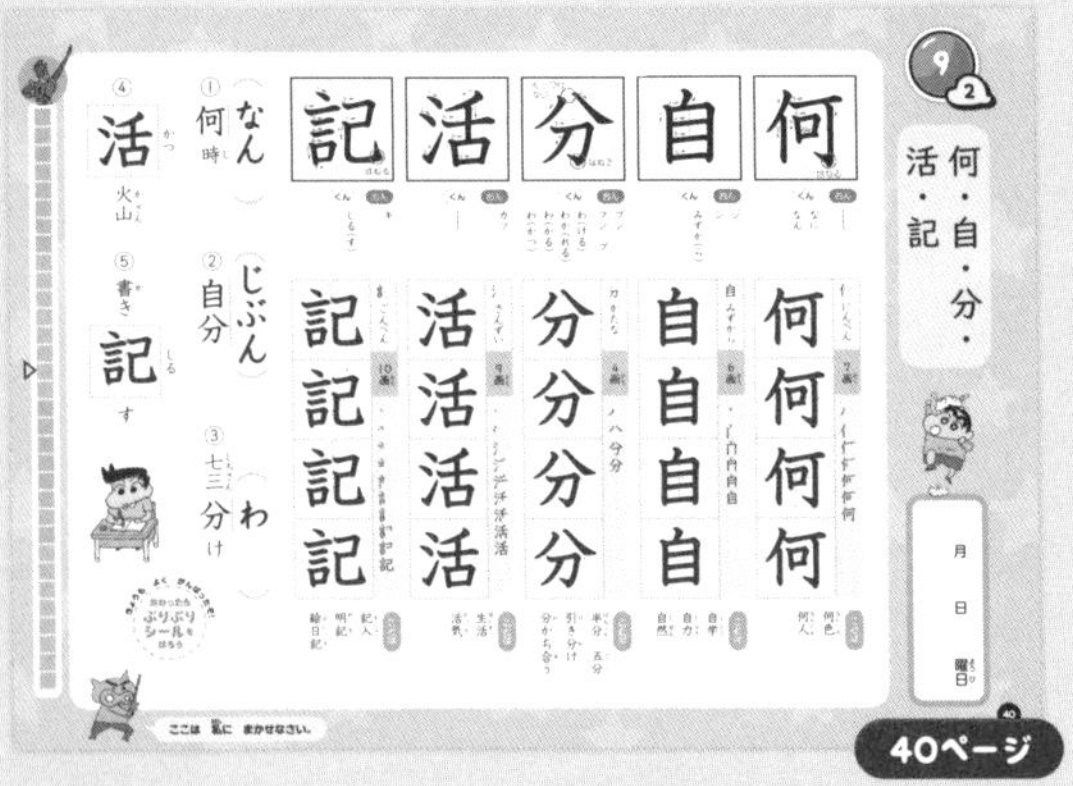
9-2 何・自・分・活・記
何　自　分　活　記
① 何時（なん）
② 自分（じぶん）
③ 七三分け（わ）
④ 活火山
⑤ 書き記す
ここは 私に まかせなさい。
40ページ

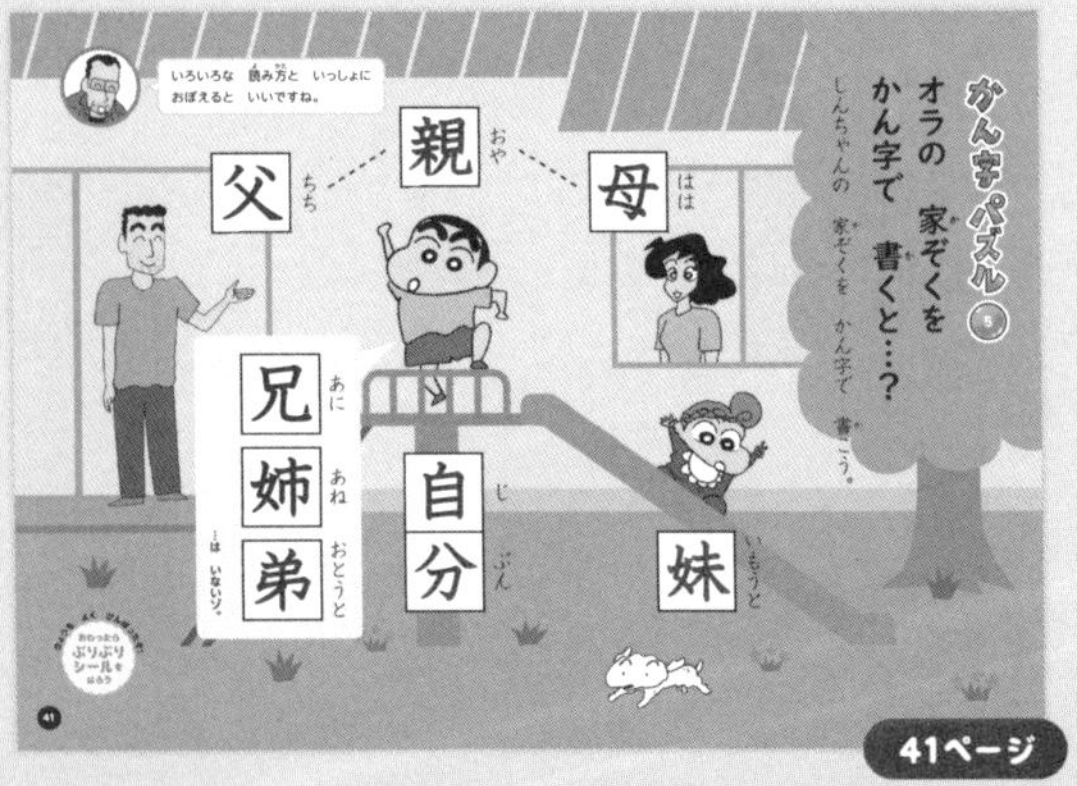
かん字パズル⑤
オラの 家ぞくを かん字で 書くと…?
しんちゃんの 家ぞくを かん字で 書こう。
いろいろな 読み方と いっしょに おぼえると いいですね。
親《おや》　父《ちち》　母《はは》
兄《あに》　姉《あね》　弟《おとうと》 …は いないゾ。
自分《じぶん》　妹《いもうと》
41ページ

43ページ

10 1

社・会・新・聞・読

社 会 新 聞 読

① 社会（しゃ）
② 会話（かい）
③ 新月（しん）
④ 百聞は 一見に しかず
⑤ 音読

きょう このあと 何して あそぶ？

44ページ

10 2

紙・電・話・図・書

紙 電 話 図 書

① 画用紙（し）
② 電光石火（でん）
③ 手話（わ）
④ 図形
⑤ 書道

さあ!! 気合い 入れるよ!!

45ページ

おさらいテスト⑤

38～44ページの おさらいだゾ！

1 —の かん字の 読《よ》み方《かた》を 書《か》きましょう。

① 心《こころ》の 中（こころ）
② 思考《しこう》を めぐらす。（しこう）
③ 図書室（としょしつ）
④ 社会《しゃかい》に ついて 学んだ ことを 紙《かみ》に 記入《きにゅう》する。（しゃかい）（かみ）（きにゅう）

2 □に かん字を 書きましょう。

① 新《しん》聞《ぶん》を 読《よ》んで 考《かんが》える。
② 自《じ》分《ぶん》から 電《でん》話《わ》を かける。

3 太《ふと》い 線《せん》は 何番目《なんばんめ》に 書きますか。○に 数字《すうじ》を 書きましょう。

① 何 ④
② 活 ⑤

画数の 多い 漢字も 一画ずつ、ていねいに 書こうね。

47ページ

11 1

点・丸・線・角・長

点 丸 線 角 長

① 点火（てん）
② 花丸（まる）
③ 光線（せん）
④ サイの 角《つの》
⑤ 長《なが》い 耳

ま、とにかく 家族そろって の～んびりしよ。

48ページ

11 2

太・細・形・直・台

太 細 形 直 台

① 図太い（ぶと）
② 細かい（こま）
③ 三角形（けい）
④ 立ち 直《なお》る
⑤ 台《だい》形!!

言われた ことは すぐ 行動に 移す。これが よい子の 基本です。

49ページ

かんじパズル⑥

はんたいの いみの かん字

線《せん》を たどった 先の □に はんたいの いみの かん字を 書《か》こう。かん字は □から えらんでね。

れい	①	②	③	④
大	太	外	前	近
小	細	内	後	遠

わかるところから うめていくんだ！

後 細 小 遠 内

51ページ

12 1

交・通・道・広・寺

交 通 道 広 寺

① 親交（こう）
② 通り道（とお）
③ 水道（どう）
④ 広《ひろ》場
⑤ 寺《じ》院

ガールフレンドが 泣いてたら、「どうしたの？」とか 言って 心配する ものよ。

52ページ

12 2

門・歩・汽・京・市

門 歩 汽 京 市

① 入門（もん）
② 歩みよる（あゆ）
③ 汽車（き）
④ 東京《きょう》都
⑤ 魚市《いち》場

ボクは 別に 今のままで いいんだ。

53ページ

おさらいテスト⑥

46～52ページの おさらいだゾ！

1 —の かん字の 読《よ》み方《かた》を 書《か》きましょう。

① 細長《ほそなが》い 形《かたち》の 台《だい》。（ほそなが）（かたち）（だい）
② 寺《てら》の 門《もん》。（てら）（もん）
③ 汽車《きしゃ》を 見ながら 市内《しない》を 歩《ある》く。（きしゃ）（しない）（ある）

2 □に かん字を 書きましょう。

① 交《こう》通《つう》りょうの 多《おお》い 広《ひろ》い 道《みち》。
② 太《ふと》い 線《せん》で 丸《まる》を かく。

3 つぎの かん字の 画数《かくすう》は いくつですか。○に 数字《すうじ》を 書きましょう。

① 角 ⑦
② 直 ⑧

漢字は、とめ、はね、はらいにも 気をつけて 書こうね。

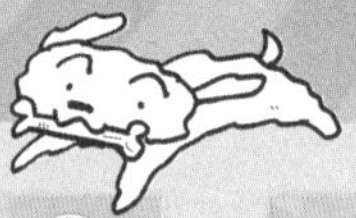

55ページ

13 1

海・船・魚・池・谷

海　船　魚　池　谷

① 海外（かい）
② 風船（せん）
③ 小魚（ざかな）
④ 太陽光電《たいようこうでん》 池《ち》
⑤ 谷《たに》 川《がわ》

まずは　イメージトレーニングよ!!

59ページ

14 1

強・弱・毎・曜・週

強　弱　毎　曜　週

① 強気（つよ）
② 弱虫（よわ）
③ 毎月（まい）
④ 日《にち》 曜《よう》 日《び》
⑤ 週《しゅう》 休《きゅう》

夏は　エアコンの　きいた　部屋で　集中して　勉強!!

63ページ

15 1

弓・矢・刀・切・馬

弓　矢　刀　切　馬

① 弓を引く（ゆみ）
② 矢車（や）
③ 日本刀（とう）
④ はり 切《き》 る
⑤ 馬《ば》 力

さぁ、今日も　ハリきって　お仕事　お仕事!!

56ページ

13 2

岩・頭・首・晴・雲

岩　頭　首　晴　雲

① 岩山（いわ）
② 先頭（とう）
③ 小首をかしげる（くび）
④ 晴《は》 れやか
⑤ 雲《くも》 間

人の　話を　ちゃんと　聞けよ。

60ページ

14 2

今・半・場・里・用

今　半　場　里　用

① 今月（こん）
② 半人前（はん）
③ ライブ会場（じょう）
④ 村 里《ざと》
⑤ 活 用《よう》

きゃきゃ。

64ページ

15 2

鳴・引・止・羽・毛

鳴　引　止　羽　毛

① 高鳴る（な）
② 引力（いん）
③ 足止め（ど）
④ 羽《は》 ばたく
⑤ 三 毛《け》 ねこ

おじょうさま、どう　なさいました？

57ページ

かん字パズル ⑦

同《おな》じ　読《よ》みの　かん字、あつまれ〜！

同じ　読みの　かん字を　[　]から　さがして　□に　書《か》こう。

※答えは順不同です。

れい　こう　公　交
① ズ　図　頭
② ガン　岩　顔
③ セイ　晴　声
④ セン　線　船
⑤ カイ　回　海　会　貝

回　図　岩　公　海　線　顔
晴　会　船　交　声　頭　貝

いろいろな　読《よ》み方《かた》を　する　かん字に　気をつけて！

61ページ

おさらいテスト⑦

54〜60ページの　おさらいだゾ！

1　―の　かん字の　読《よ》み方《かた》を　書《か》きましょう。

① 岩（いわ）に　頭（あたま）を　ぶつけないよう　用心（ようじん）して　すすむ。
② 強弱（きょうじゃく）
③ 今日（きょう）は　雲（くも）ひとつ　ない　天気だ。

2　□に　かん字を　書きましょう。

① 毎《まい》週《しゅう》 土《ど》 曜《よう》日《ひ》に　アニメを　見る。
② 海《うみ》に　出て　船《ふね》で　魚《さかな》を　とる。

3　太《ふと》い　線《せん》は　何番目《なんばんめ》に　書きますか。○に　数字《すうじ》を　書きましょう。

① 池　5
② 里　5

漢字はくり返し書いて　覚えるといいわよ。

65ページ

かん字パズル ⑧

たて・よこに　じゅく語《ご》を　作《つく》ろう！

→や↓の　方《ほう》こうに　読《よ》むと　じゅく語《ご》に　なるように　□に　かん字を　書《か》こう。

れい　交通（こうつう）・通行（つうこう）
① 休止（きゅうし）・中止（ちゅうし）
② 羽毛（うもう）・毛糸（けいと）
③ 切手（きって）・手紙（てがみ）
④ 読書（どくしょ）・図書（としょ）
⑤ 強風（きょうふう）・強弱（きょうじゃく）

読《よ》み方《かた》に　合《あ》う　かん字を　考《かんが》えるのよ。

16-1 鳥・肉・牛・米・麦

鳥 肉 牛 米 麦

鳥 鳥 鳥 鳥
肉 肉 肉 肉
牛 牛 牛 牛
米 米 米 米
麦 麦 麦 麦

ことば：野鳥　やき鳥　肉親　牛肉　肉声　和牛　子牛　牛耳る　米国　白米　麦茶　麦わら

① 小鳥（とり）
② 魚肉（にく）
③ 牛にゅう（ぎゅう）
④ 米《こめ》だわら
⑤ 小麦《むぎ》

とにかく 食お。くよくよしても しょうがない。

月　日　曜日

67ページ

16-2 食・売・買・家・店

食 売 買 家 店

食 食 食 食
売 売 売 売
買 買 買 買
家 家 家 家
店 店 店 店

ことば：食生活　食通　食い止める　直売　売り場　売買　買い上げる　家計　出家　空き家　音楽家　店頭　書店　夜店

① 朝食（しょく）
② 売れっ子（う）
③ 買い出し（か）
④ 作家《か》
⑤ 店《みせ》先

たのんだよ!! ボクらも ガンバるから。

月　日　曜日

68ページ

おさらいテスト⑧

62～66ページの おさらいだゾ～

1 ―の かん字の 読み方を 書きましょう。
① 刀（かたな）で 切（き）る。
② 羽毛（うもう）の ふとんで ねる。
③ 小麦（こむぎ）を 売買（ばいばい）する。
④ 鳥（とり）の 鳴（な）き声

2 □に かん字を 書きましょう。
① 牛《ぎゅう》肉《にく》と 米《こめ》を 買《か》う。
② 馬《うま》の 上で 弓《ゆみ》矢《や》を かまえる。

3 つぎの かん字は まちがって います。□に 正しい かん字を 書きましょう。
① 食……食
② 家……家

覚えた漢字でいろいろな文章を書いてみよう。

月　日　点

69ページ

2年 かくにんテスト①

1 ―の かん字の 読み方を 書きましょう。
① 明朝（みょうちょう）
② 台風（たいふう）
③ 町外れ（はず）
④ 名声（めいせい）
⑤ 原色（げんしょく）
⑥ 絵画（かいが）
⑦ 遠近（えんきん）
⑧ 昼夜（ちゅうや）
⑨ 元気（げんき）
⑩ 父母会（ふぼ）

2 □に かん字を 書きましょう。
① 北《きた》国《ぐに》
② 地《ち》図《ず》
③ 春《はる》風《かぜ》
④ 雪《ゆき》
⑤ 教《きょう》室《しつ》
⑥ 歌《うた》
⑦ 楽《たの》しい
⑧ 計《けい》画《かく》
⑨ 夜《や》間《かん》
⑩ 走《はし》る

月　日　点

70ページ

2年 かくにんテスト②

1 ―の かん字の 読み方を 書きましょう。
① 兄弟（きょうだい）
② 姉上（あねうえ）
③ 親友（しんゆう）
④ 方言（ほうげん）
⑤ 新聞紙（しんぶんし）
⑥ 図書（としょ）
⑦ 直角（ちょっかく）
⑧ 台風（たいふう）
⑨ 交通（こうつう）
⑩ 歩道（ほどう）

2 □に かん字を 書きましょう。
① 心《こころ》
② 思《おも》う
③ 知《し》る
④ 社《しゃ》会《かい》
⑤ 電《でん》話《わ》
⑥ 弱《じゃく》点《てん》
⑦ 校《こう》長《ちょう》
⑧ 細《さい》工《く》
⑨ お寺《てら》
⑩ 汽《き》車

月　日　点

71ページ

2年 かくにんテスト③

1 ―の かん字の 読み方を 書きましょう。
① 海外（かいがい）
② 頭上（ずじょう）
③ 強力（きょうりょく）
④ 今週（こんしゅう）
⑤ 切手（きって）
⑥ 羽毛（うもう）
⑦ 野鳥（やちょう）
⑧ 麦茶（むぎちゃ）
⑨ 店頭（てんとう）
⑩ 直売（ちょくばい）

2 □に かん字を 書きましょう。
① 船《ふね》
② 魚《さかな》
③ 岩《いわ》
④ 月曜《よう》日
⑤ 弓《ゆみ》矢《や》
⑥ 馬《ば》力
⑦ 鳥の 鳴《な》き声
⑧ 牛《ぎゅう》肉《にく》
⑨ 朝《ちょう》食《しょく》
⑩ 作家《か》

月　日　点

72ページ

2年 かくにんテスト④

1 ―の ことばを かん字と おくりがなで 書きましょう。
① 星が ひかる。　光る
② ごはんが すくない。　少ない
③ 車りんが はずれる。　外れる
④ 宝くじに あたる。　当たる
⑤ しあいを おこなう。　行う
⑥ しつもんに こたえる。　答える
⑦ あたらしい 本。　新しい
⑧ 気分が はれる。　晴れる

2 ―の かん字の 読み方を 書きましょう。
① 明日（あした・あす）
② 母さん（かあ）
③ 父さん（とう）
④ 今朝（けさ）
⑤ 時計（とけい）
⑥ 川原（かわら）

月　日　点

73ページ

2年 かくにんテスト⑤

1 ―の かん字の 読み方を 書きましょう。
① 空が 明るい。（あか）
はっきりと 明言する。（めい）
明朝 会いましょう。（みょう）
② 古風な 話し方。（ふう）
風むきが かわる。（かざ）
風が 強く ふく。（かぜ）
③ 手紙で 通知が 来た。（つう）
心を 通わせる。（かよ）
車が たくさん 通る。（とお）
④ 細かい すな。（こま）
線が 細い。（ほそ）
細工を する。（さい）

2 同じ 読み方を する かん字を □から えらんで □に 書きましょう。
① キョウ　京　教
② コウ　広　工
③ ブン　聞　分
④ キ　帰　汽

広 帰 京 聞
教 工 汽 分

※答えは順不同です。

月　日　点

74ページ

2年 かくにんテスト⑥

1 ついや はんたいの いみの かん字を □に 書きましょう。
① 新《あたら》しい―古《ふる》い
② 兄《あに》―弟《おとうと》
③ 近《ちか》い―遠《とお》い
④ 姉《あね》―妹《いもうと》
⑤ 売《う》る―買《か》う
⑥ 強《つよ》い―弱《よわ》い
⑦ 太《ふと》い―細《ほそ》い
⑧ 父《ちち》―母《はは》

2 なかまの ことばを かん字で 書きましょう。
① 理《り》科《か》　国《こく》語《ご》　音《おん》楽《がく》　算《さん》数《すう》
② 公《こう》園《えん》　広《ひろ》場《ば》

月　日　点

75ページ

漢検《かんけん》チャレンジ①

1 ―の かん字の 読《よ》み方《かた》を 書《か》きましょう。

① 学校（がっこう）の お楽（たの）しみ会（かい）で、友（とも）だちと 歌（うた）を ひろうした。

② 太（ふと）い 毛糸（けいと）で あんだ 黄色（きいろ）い マフラー。

③ 晴（は）れた 午後（ごご）には 池（いけ）の 水面《すいめん》に 雲（くも）が うつる。

④ 母（はは）が 野（や）さいを 細（こま）かく 切（き）って スープを 作《つく》る。

2 太《ふと》い 線《せん》は 何番目《なんばんめ》に 書《か》きますか。○に 数字《すうじ》を 書きましょう。

① 用……5　② 冬……4　③ 考……5

④ 雪……10　⑤ 南……9　⑥ 新……13

76ページ

漢検《かんけん》チャレンジ②

1 □に かん字を 書《か》きましょう。

① 毎《まい》日、夕《ゆう》食《しょく》の 後《あと》に 計《けい》算《さん》ドリルに とり組《く》む。

② 昼《ひる》に 妹《いもうと》と 近《ちか》くの 野《の》原《はら》を 歩《ある》いた。

2 ○の ところは はねるか、とめるか、□に 正しい かん字を 書きましょう。

① 引……引　② 作……作　③ 同……同

④ 内……内　⑤ 外……外

77ページ

漢検《かんけん》チャレンジ③

1 ―の かん字の 読《よ》み方《かた》を 書《か》きましょう。

① きゅう食（しょく）の 時間《じかん》に なる。／パンを 食（た）べる。

② 新（しん）かん線《せん》に のる。／新（あたら）しい ノートに 書《か》く。

③ 校長（こうちょう）先生と 話《はな》す。／長（なが）い 糸《いと》を 切《き》る。

④ 音楽（おんがく）が 聞《き》こえる。／えい画《が》を 楽（たの）しむ。

2 同《おな》じ なかまの かん字を □に 書きましょう。

① 絵《かい》画《が》・新聞《しんぶん》紙《し》

② 国《こく》語《ご》・図《と》書室《しょしつ》

③ 交《こう》さ点《てん》・東《とう》京《きょう》

78ページ

漢検《かんけん》チャレンジ④

1 □に ひらがなを 書《か》いて ことばの 読《よ》みを かんせいさせましょう。

① 早朝……そうちょう　② 夜空……よぞら

③ 読書……どくしょ　④ 今年……ことし

⑤ 親切……しんせつ　⑥ 昼間……ひるま

2 ＝の ひらがなを かん字で 書《か》いた ときに 正しい 方《ほう》に ○を つけましょう。

① なん点　1 同点　② 何点

② 図こう　① 図工　2 図土

③ け糸　① 毛糸　2 手糸

④ ご前　① 午前　2 牛前

⑤ すくない　1 小ない　② 少ない

79ページ

漢検《かんけん》チャレンジ⑤

1 ―の かん字の 読《よ》み方《かた》を 書《か》きましょう。

① 先生は 鳴（な）き 声（ごえ）を 聞（き）いた だけで、その 鳥（とり）の 名前《なまえ》を 教（おし）えて くれた。

② 夏（なつ）休みに 海（うみ）に 行（い）って 船（ふね）に のせて もらった。

③ 遠足（えんそく）で 高（たか）い 山に のぼった ことを 日記（にっき）に 書《か》いた。

2 □に かん字を 書きましょう。

① 月《つき》……星《ほし》　② 売《う》る……買《か》う　③ 春《はる》……秋《あき》

④ 弟《おとうと》……妹《いもうと》　⑤ 帰《かえ》る……行《い》く

80ページ

漢検《かんけん》チャレンジ⑥

1 □に かん字を 書《か》きましょう。

① 白い 鳥《とり》が 羽《はね》を 広《ひろ》げて いる ところを 絵《え》に かいた。

② 算《さん》数《すう》の 時《じ》間《かん》に 答《こた》えを 教《きょう》室《しつ》の 黒《こく》ばんに 書《か》いた。

2 太《ふと》い 線《せん》は 何番目《なんばんめ》に 書《か》きますか。○に 数字《すうじ》を 書きましょう。

① 米……4　② 京……7　③ 弟……7

④ 直……5　⑤ 形……4　⑥ 毎……5

81ページ

修了証《しゅうりょうしょう》

……………………さん

あなたは

「クレヨンしんちゃん 国語《こくご》ドリル

小学2年生 かん字」の

学習《がくしゅう》を がんばり、

2年生の かん字 すべてを

マスターした ことを 証《しょう》します。

年　月　日

たいへん よく できました

ここに

修了《しゅうりょう》シールを

はろう！